Über die Perspektiven des Christentums

Bernard Shaws Vorwort zu Androkles und der Löwe

Bernard Shaw

Klassische Drucke

Diese Ausgabe erschien im Jahr 2023

ISBN: 9789359251745

Herausgegeben von
Writat
E-Mail: info@writat.com

VORWORT ÜBER DIE PERSPEKTIVEN DES CHRISTENTUMS

Warum das Christentum nicht auf die Probe stellen?

Die Frage scheint hoffnungslos zu sein, nachdem man 2000 Jahre lang dem alten Ruf „Nicht dieser Mann, sondern Barabbas“ treu geblieben ist. Doch es sieht so aus, als wäre Barabbas ein Versager gewesen, trotz seiner starken rechten Hand, seiner Siege, seiner Reiche, seiner Millionen von Geld und seiner Moralvorstellungen, Kirchen und politischen Verfassungen. „Dieser Mann“ war noch kein Misserfolg; denn niemand war jemals vernünftig genug, es auf seine Weise zu versuchen. Aber er hatte einen kuriosen Triumph. Barabbas hat seinen Namen gestohlen und sein Kreuz als Standarte genommen. Darin liegt eine Art Kompliment. Darin liegt sogar eine Art Loyalität, wie die des Räubers, der jedes Gesetz bricht und dennoch behauptet, ein patriotischer Untertan des Königs zu sein, der sie erlässt. Wir hatten immer das merkwürdige Gefühl, dass Christus, obwohl wir ihn an einem Stock gekreuzigt haben, es irgendwie geschafft hat, das richtige Ende zu erreichen, und dass wir, wenn wir bessere Männer wären , seinen Plan vielleicht in die Tat umsetzen könnten. Es gab ein oder zwei groteske Versuche unzulänglicher Menschen, wie zum Beispiel das Königreich Gottes in Münster, das durch eine Kreuzigung endete, die so viel grausamer war als die auf Golgatha, dass der Bischof, der die Rolle von Annas übernahm, nach Hause ging und starb des Grauens. Aber verantwortungsbewusste Menschen haben solche Versuche noch nie unternommen. Die wohlhabende, respektable und fähige Welt war seit der Kreuzigung ununterbrochen antichristlich und barabbask ; und die spezifische Lehre Jesu wurde in all dieser Zeit weder in die politische noch in die allgemeine gesellschaftliche Praxis umgesetzt. Ich bin kein größerer Christ als Pilatus oder Sie, lieber Leser; und doch ziehe ich wie Pilatus Jesus Annas und Kaiphas bei weitem vor; und ich bin bereit zuzugeben, dass ich nach fast sechzigjähriger Betrachtung der Welt und der menschlichen Natur keinen anderen Ausweg aus dem Elend der Welt sehe als den, den Christus durch seinen Willen gefunden hätte, wenn er die Arbeit eines modernen praktischen Staatsmannes übernommen hätte . Bitte verlieren Sie zu diesem frühen Zeitpunkt nicht die Geduld mit mir und schließen Sie das Buch. Ich versichere Ihnen, dass ich ein ebenso skeptischer , wissenschaftlicher und moderner Denker bin, wie Sie ihn nirgends finden werden. Ich gebe Ihnen zu, dass ich viel mehr über Wirtschaft und Politik weiß als Jesus und Dinge tun kann , die er nicht konnte. Ich bin nach allen Barabbasken- Maßstäben eine Person mit viel besserem Charakter und Ansehen und größerem praktischen Sinn. Ich habe kein Verständnis für Vagabunden und Redner, die versuchen, die Gesellschaft zu reformieren, indem sie Männer von ihrer regulären produktiven Arbeit abhalten und sie ebenfalls zu Vagabunden und Rednern machen; und wenn ich Pilatus gewesen wäre, hätte ich so klar wie er die Notwendigkeit erkannt, Angriffe auf die bestehende Gesellschaftsordnung, wie korrupt diese Ordnung auch sein mag, durch Menschen zu unterdrücken, die keine Kenntnis von der Regierung haben und keine Macht haben, eine politische Maschinerie zu konstruieren, um ihre Ziele durchzusetzen Ansichten, die auf der sehr gefährlichen Illusion basieren, dass das Ende der Welt bevorsteht. Ich kann Christen wie Savonarola und Johannes von Leyden nicht verteidigen : Sie versenkten das Schiff, bevor sie gelernt hatten, wie man ein Floß baut; und es wurde notwendig, sie über Bord zu werfen, um die Besatzung zu retten. Ich sage das, um mich mit einer respektablen Gesellschaft abzufinden; Aber ich muss immer noch darauf bestehen, dass Jesus einen unkalkulierbaren Nutzen gebracht hätte, wenn er die praktischen Probleme einer kommunistischen Verfassung, einer anerkannten Verpflichtung, Verbrechen ohne Rache oder Bestrafung zu bekämpfen, und einer vollständigen Übernahme der göttlichen Verantwortung durch die Menschheit hätte lösen können Menschheit, denn seine besonderen Forderungen erweisen sich nun als gesunder Menschenverstand und vernünftige Ökonomie.

Ich sage „unverwechselbar“, weil seine gemeinsame Menschlichkeit und seine Unterwerfung unter Zeit und Raum (das heißt unter das syrische Leben seiner Zeit) seinen Glauben an viele Dinge, wahre und falsche, beinhalteten, die ihn in keiner Weise von anderen Syrern dieser Zeit unterschieden . Aber solche gemeinsamen Überzeugungen stellen ebenso wenig ein spezifisches Christentum dar wie das Tragen eines Bartes, die Arbeit in einer Schreinerei oder der Glaube, dass die Erde flach ist und dass die Sterne wie Hagelkörner vom Himmel auf sie fallen könnten. Das Christentum interessiert praktische Staatsmänner heute aufgrund der Lehren, die Christus von den Juden und den Barabbas im Allgemeinen, einschließlich uns selbst, unterschieden.

WARUM JESUS MEHR ALS EIN ANDERER?

Ich behaupte jedoch nicht, dass diese Lehren Christus eigen waren. Eine Lehre, die einem einzelnen Menschen eigen ist, wäre nur ein Wahnsinn, wenn ihr Verständnis nicht auf einer Entwicklung menschlicher Fähigkeiten beruhte, die so selten ist, dass nur ein außergewöhnlich begabter Mann sie besaß. Aber selbst in diesem Fall wäre es nutzlos, da es sich nicht ausbreiten kann. Das Christentum ist ein Schritt in der moralischen Entwicklung, der unabhängig von jedem einzelnen Prediger ist. Wenn Jesus nie existiert hätte (und dass er nie in einem anderen Sinne existierte als dem, in dem

Shakespeares Hamlet existierte, wurde heftig in Frage gestellt), hätte Tolstoi trotzdem gedacht, gelehrt und sich mit der griechischen Kirche gestritten . Ihr Glaubensbekenntnis wurde weitgehend fragmentarisch praktiziert , obwohl es in den Gesetzen aller Länder tatsächlich als kriminell gilt. Viele seiner Befürworter waren militante Atheisten. Aber aus irgendeinem Grund hat die Vorstellungskraft der weißen Menschheit Jesus von Nazareth als DEN Christus ausgewählt und ihm alle christlichen Lehren zugeschrieben; Und da es auf die Lehre ankommt und nicht auf den Menschen, und da außerdem ein Symbol so gut ist wie das andere, vorausgesetzt, dass jeder ihm die gleiche Bedeutung beimisst, stelle ich im Moment keine Frage, wie weit die Evangelien sind Originale sind und inwieweit sie aus griechischen und chinesischen Interpolationen bestehen. Der Bericht, dass Jesus bestimmte Dinge gesagt hat, wird nicht durch den Nachweis entkräftet, dass Konfuzius sie vor ihm gesagt hat. Diejenigen, die eine buchstäbliche göttliche Vaterschaft für ihn beanspruchen, können nicht durch die Entdeckung zum Schweigen gebracht werden, dass derselbe Anspruch auch für Alexander und Augustus erhoben wurde. Und mir geht es nicht erst jetzt um die Glaubwürdigkeit der Evangelien als Tatsachenberichte; Denn ich spiele nicht die Rolle eines Detektivs, sondern lenke unser modernes Licht auf bestimmte Ideen und Doktrinen, die sich von den anderen abheben, weil sie völlig im Widerspruch zur gängigen Praxis, zum gesunden Menschenverstand und zum allgemeinen Glauben stehen, und dies dennoch getan hat Zähne hartnäckiger Ungläubigkeit und Widerspenstigkeit erweckten den unwiderstehlichen Eindruck, dass Christus, obwohl er von seinen Nachkommen als unpraktischer Träumer abgelehnt und von seinen Zeitgenossen als gefährlicher Anarchist und gotteslästerlicher Verrückter hingerichtet wurde, größer war als seine Richter.

War Jesus feige?

Ich weiß ganz genau, dass dieser Eindruck der Überlegenheit nicht bei jedem entsteht, auch nicht bei denen, die angeblich extrem empfänglich dafür sind. Abgesehen von der riesigen Masse der eingeschärften Christusanbetung, die keine wirkliche Bedeutung hat, weil sie keine Intelligenz besitzt, gibt es unter Menschen, die wirklich die Freiheit haben, selbst über das Thema nachzudenken, eine große tiefe Abneigung gegen Jesus und Verachtung für Jesus sein Versagen, sich selbst zu retten und seine Feinde durch persönliche Tapferkeit und List zu besiegen, wie es Mohammed tat. Ich habe dieses Gefühl weitaus ungeduldiger von Personen gehört, die in England als Christen erzogen wurden, als von Mohammedanern , die wie ihr Prophet sehr höflich zu Jesus sind und ihm in ihrer Wertschätzung und Verehrung einen mindestens so hohen Platz einräumen, wie wir ihn einräumen an Johannes den Täufer. Aber diese

Verachtung der britischen Bulldogge beruht auf einer völligen Fehleinschätzung seiner Gründe, warum er sich freiwillig einer Tortur aus Folter und Tod unterwarf. Der moderne Säkularist ist oft so entschlossen, Jesus als einen Mann wie ihn selbst und nichts weiter zu betrachten, dass er unbewusst in den Fehler verfällt und annimmt, dass Jesus diese Ansicht teilte. Aber aus den Autoren des Neuen Testaments (die wichtigsten Autoritäten für die Annahme, dass Jesus jemals existierte) geht klar hervor, dass Jesus zum Zeitpunkt seines Todes glaubte, er sei der Christus, eine göttliche Persönlichkeit. Es ist daher absurd, sein Verhalten vor Pilatus zu kritisieren, als wäre er Oberst Roosevelt oder Admiral von Tirpitz oder sogar Mohammed. Ob Sie seinen Glauben an seine Göttlichkeit genauso vollständig akzeptieren wie Simon Petrus oder ihn als eine Täuschung ablehnen, die ihn dazu brachte, sich der Folter zu unterwerfen und sein Leben ohne Widerstand zu opfern, in der Überzeugung, dass er bald wieder in Herrlichkeit auferstehen würde, Sie sind gleichermaßen gebunden zuzugeben, dass er keineswegs wie ein Feigling oder ein Schaf war, sondern dass er beträchtliche körperliche Stärke bewies, als er eine grausame Tortur durchmachte, gegen die er sich ebenso wirksam hätte wehren können, wie er die Geldwechsler aus dem Tempel vertrieben hatte. „Sanftmütiger, sanftmütiger und milder Jesus" ist eine weinerliche moderne Erfindung, für die es in den Evangelien keine Berechtigung gibt. Der heilige Matthäus hätte genauso schnell daran gedacht, solche Adjektive auf Judas Makkabäus als auf Jesus anzuwenden; und selbst der heilige Lukas, der Jesus höflich und gnädig macht, macht ihn nicht sanftmütig. Das Bild von ihm als englischem Geistlichen vom Typus der Farce-Komödie, der zu sanftmütig ist, um gegen einen Polizisten zu kämpfen, und der jedermanns Hintern ist, könnte im Kindergarten nützlich sein, um Kinder zu beruhigen; aber dass eine solche Figur jemals in den Mittelpunkt der Aufmerksamkeit der Welt gerückt sein könnte, ist zu absurd, um darüber diskutiert zu werden; Erwachsene Männer und Frauen können freundlich über ein harmloses Geschöpf sprechen, das freundschaftliche Gefühle äußert und ein hilfloser Dummkopf ist, wenn es aufgefordert wird, sie zu verteidigen; aber sie werden ihm nicht folgen und auch nicht tun, was er ihnen sagt, weil sie seine Niederlage und Schande nicht teilen wollen.

War Jesus ein Märtyrer?

Daher ist es wichtig, dass wir uns von der Vorstellung befreien, dass Jesus, wie manche zu behaupten pflegen, wegen seiner sozialen und politischen Ansichten gestorben sei. Es gab viele Märtyrer dieser Meinung; aber er war keiner von ihnen, und er sah, wie seine Worte zeigen, keinen größeren Sinn im Märtyrertum als Galilei. Er wurde von den Juden wegen der Gotteslästerung hingerichtet, weil er behauptete, ein Gott zu sein; und

Pilatus, für den dies nur ein Stück abergläubischen Unsinns war, ließ ihn hinrichten, um sie am billigsten zum Schweigen zu bringen, mit der formellen Begründung, er habe Verrat an Rom begangen, indem er sagte, er sei der König der Juden. Er wurde weder fälschlicherweise beschuldigt, noch wurden ihm alle Möglichkeiten zur Verteidigung vorenthalten. Das Verfahren verlief recht unkompliziert und ordnungsgemäß; und Pilatus, an den sich die Berufung richtete, bevorzugte ihn und verachtete seine Richter und war offensichtlich bereit genug, sich zu versöhnen. Doch anstatt den Vorwurf zu bestreiten, wiederholte Jesus das Vergehen. Er wusste, was er tat: Er hatte viele seiner eigenen Jünger verärgert und wurde dafür auf der Straße gesteinigt. Er log nicht: Er glaubte buchstäblich, was er sagte. Das Entsetzen des Hohepriesters war völlig natürlich: Er war ein Primas, der mit einem heterodoxen Straßenprediger konfrontiert wurde, der etwas aussprach, das ihm als entsetzliche und unverschämte Gotteslästerung erschien. Die Tatsache, dass es sich bei der Gotteslästerung für Jesus um eine bloße Tatsachenfeststellung handelte und dass sie seitdem von allen westlichen Nationen als solche akzeptiert wurde, entkräftet das Verfahren nicht und gibt uns auch nicht das Recht, Annas und Kaiphas als schlechtere Männer als den Erzbischof zu betrachten von Canterbury und der Schulleiter von Eton. Wäre Jesus vor einem modernen Gericht angeklagt worden, wäre er von zwei Ärzten untersucht worden; festgestellt, dass er von einer Wahnvorstellung besessen ist; für handlungsunfähig erklärt; und in eine Anstalt geschickt: Das ist der ganze Unterschied. Aber bitte beachten Sie, dass, wenn ein Mann vor einem modernen Tribunal angeklagt wird (um einen Fall zu behandeln, der neulich passiert ist), er behauptet und behauptet hat, er sei ein Offizier gewesen, der von der Front zurückgekehrt sei, um das Victoria-Kreuz aus den Händen des Königs entgegenzunehmen, Obwohl er eigentlich Mechaniker war, denkt niemand daran, ihn als von einem Wahn befallen zu behandeln. Er wird wegen Vorspiegelung falscher Tatsachen bestraft , da seine Behauptung glaubwürdig und damit irreführend ist. Ebenso richtete Jesus seinen Anspruch auf Göttlichkeit an den Hohepriester, der sich auf das Kommen eines Messias freute, der möglicherweise wahr gewesen wäre und daher das Volk auf sehr gefährliche Weise in die Irre geführt hätte. Deshalb behandelte er Jesus als einen Betrüger und Gotteslästerer, während wir ihn als einen Verrückten hätten behandeln sollen.

DIE EVANGELIEN OHNE VORURTEILE.

All dies wird klar, wenn wir die Evangelien vorurteilsfrei lesen. Als ich jung war, war es unmöglich, sie ohne fantastische Gedankenverwirrung zu lesen. Die Verwirrung war so völlig verwirrt, dass man es als den richtigen Geist bezeichnete, in dem man die Bibel lesen sollte. Jesus war ein Baby; und er war älter als die Schöpfung. Er war ein Mann, der verfolgt, gesteinigt, gegeißelt und getötet werden konnte; und er war ein Gott, unsterblich und allmächtig, der die Toten auferwecken und Millionen von Engeln zu seiner Hilfe rufen konnte. Es war eine Sünde, an einer seiner Ansichten zu zweifeln; das heißt, es war eine Sünde, über ihn nachzudenken; und das Ende war, dass du nicht über ihn nachgedacht und nur über ihn gelesen hast, als du sie warst. Wenn man die Evangeliengeschichten in der Kirche hörte oder sie von Malern und Dichtern lernte, hatte man einen Eindruck von ihrem Inhalt, der einen Chinesen, der die Geschichte ohne Voreingenommenheit gelesen hätte, in Erstaunen versetzt hätte. Sogar Skeptiker, die besonders auf der Hut waren, legten die Bibel auf die Anklagebank und lasen die Evangelien mit dem Ziel, Diskrepanzen in den vier Erzählungen zu entdecken, um zu zeigen, dass die Autoren ebenso anfällig für Fehler waren wie die Autoren der gestrigen Zeitung.

All dies hat sich innerhalb von zwei Generationen stark verändert. Heutzutage wird die Bibel so wenig gelesen, dass die Sprache der autorisierten Version schnell veraltet ist; So dass selbst in den Vereinigten Staaten, wo die alte Tradition der verbalen Unfehlbarkeit des „Buches der Bücher“ stärker als anderswo außer vielleicht in Ulster fortbesteht, zwangsläufig Rückübersetzungen ins moderne Englisch eingeführt wurden, um seine bloße Verständlichkeit zu retten. Heutzutage ist es recht einfach, gebildete Personen zu finden, die noch nie das Neue Testament gelesen haben und an denen man das Experiment versuchen kann, sie zu bitten, die Evangelien zu lesen und darzulegen, was sie über die Geschichte, Ansichten und den Charakter Christi gesammelt haben .

DIE EVANGELIEN JETZT FÜR ANFÄNGER UNVERSTÄNDLICH.

Aber es reicht nicht aus, die Evangelien mit einem Geist zu lesen, der nur für die Rezeption etwa einer Goethe-Biographie eingerichtet ist. Sie werden keinen Sinn daraus ziehen und nicht einmal in der Lage sein, ohne ungeduldige Ermüdung bei der Aufgabe durchzuhalten, sie ständig durchzuarbeiten, wenn Sie nicht etwas über die Geschichte der menschlichen Vorstellungskraft in Bezug auf die Religion wissen. Vor nicht allzu langer Zeit fragte ich einen Schriftsteller mit herausragender intellektueller Kompetenz, ob er sich seit seiner Kindheit mit den Evangelien beschäftigt habe. Seine Antwort war, dass er es in letzter Zeit versucht hatte, aber „ das Ganze so unsinnig fand, dass ich es nicht durchhalten konnte.“ Da ich mit diesem Ergebnis niemanden zu den Evangelien schicken möchte, sollte ich hier kurz darlegen, wie viel von der Religionsgeschichte nötig ist, um die Evangelien und das Verhalten und letztendliche Schicksal Jesu verständlich und interessant zu machen.

Weltlichkeit der Mehrheit.

Der erste häufige Fehler, den es zu beseitigen gilt, ist, dass die Menschheit aus einer großen Masse religiöser Menschen und ein paar exzentrischen Atheisten besteht. Sie besteht aus einer riesigen Masse weltlicher Menschen und einem kleinen Prozentsatz von Personen, die sich tief für die Religion interessieren und sich Sorgen um ihre eigene Seele und die anderer Menschen machen." und dieser Abschnitt besteht hauptsächlich aus denen, die die etablierte Religion leidenschaftlich befürworten, und denen, die sie leidenschaftlich angreifen, wobei es nur sehr wenige echte Philosophen gibt. Daher gibt es nie eine Nation mit Millionen von Wesleys und einem Tom Paine. Sie haben eine Million Mr. Worldly Wisemans, einen Wesley mit seiner kleinen Gemeinde und einen Tom Paine mit seiner kleineren Gemeinde. Die leidenschaftlich Religiösen sind ein besonderes Volk; und wenn sie den Weltlichen nicht hoffnungslos in der Unterzahl wären, würden sie die Welt auf den Kopf stellen, wie es dem heiligen Paulus völlig zu Recht vorgeworfen wurde, weil er es wollte. Nur wenige Menschen können einen einzigen Atheisten oder einen einzigen Plymouth-Bruder zu ihren persönlichen Bekannten zählen. Sofern uns eine religiöse Wende in uns nicht dazu geführt hat, die kleinen Gesellschaften aufzusuchen, denen diese seltenen Vögel angehören, verbringen wir unser Leben unter Menschen, die, ganz gleich, welche Glaubensbekenntnisse sie rezitieren, und in welchen Tempeln sie auch immer ihre Ansehenswürdigkeit bezeugen und ihre Sonntagskleidung tragen, haben ein starkes Gewissen und Hunger und Durst, nicht nach Gerechtigkeit, sondern nach reichhaltigem Essen und Komfort und sozialer Stellung und attraktiven Partnern und Bequemlichkeit und Vergnügen und Respekt und Rücksichtnahme: kurz gesagt, nach Liebe und Geld. Für diese Menschen ist eine Moral so gut wie die andere, vorausgesetzt, sie sind daran gewöhnt und können ihre Einschränkungen ohne Unglück ertragen; und um diese Moral aufrechtzuerhalten, werden sie ohne Skrupel kämpfen, bestrafen und zwingen. Sie mögen nicht das Salz der Erde sein, diese Philister; aber sie sind die Substanz der Zivilisation; und sie retten die Gesellschaft vor dem Untergang durch Kriminelle und Eroberer sowie durch Savonarolas und Knipperdollings . Und da sie sehr vernünftig wissen, dass ein wenig Religion gut für Kinder ist und der Moral dient, indem sie die Armen bei guter Laune oder in Ehrfurcht halten, indem sie Belohnungen im Himmel versprechen oder mit Qualen in der Hölle drohen, ermutigen sie die religiösen Menschen bis zu einem gewissen Punkt : Wenn zum Beispiel Savonarola den Damen von Florenz nur sagt, dass sie ihre Juwelen und ihre Pracht abreißen und sie Gott opfern sollen, bieten sie ihm einen Kardinalshut an und preisen ihn als Heiligen; aber wenn er sie dazu verleitet, es tatsächlich zu tun, verbrennen sie ihn als öffentliches Ärgernis.

RELIGION DER MINDERHEIT. ERLÖSUNG.

Die Religion der tolerierten religiösen Minderheit war im Wesentlichen immer dieselbe Religion: Deshalb haben ihre Namens- und Formänderungen so wenig Unterschied gemacht. Aus diesem Grund kann eine so zivilisierte Nation wie die Engländer auch Neger mit großer Leichtigkeit zu ihrem Glauben bekehren, nicht jedoch Mohammedaner oder Juden. Der Neger findet im zivilisierten Salutismus eine unbeschreiblich tröstlichere Version seines rohen Glaubensbekenntnisses; aber weder Sarazene noch Jude sehen darin einen Vorteil gegenüber seiner eigenen Version. Der Kreuzfahrer war überrascht, den Sarazenen genauso religiös und moralisch wie ihn selbst und eher mehr als weniger zivilisiert zu finden. Der lateinische Christ hat dem griechischen Christen nichts zu bieten, was das griechische Christentum nicht bereits bereitgestellt hat. Sie alle sind im Grunde Salutisten.

Lassen Sie uns diese Heilsreligion von ihren Anfängen an verfolgen. Es passieren ständig so viele Dinge, die der Mensch nicht selbst erfindet oder wünscht: Tod, Seuchen, Stürme, Seuchen, Überschwemmungen, Sonnenauf- und -untergänge, Wachstum und Ernten und Verfall und Kants zwei Wunder des Sternenhimmels über uns und des moralischen Gesetzes im Inneren uns, dass wir zu dem Schluss kommen, dass irgendjemand alles tun muss, oder dass jemand das Gute tut und jemand anderes das Böse, oder dass Armeen von unsichtbaren, sozial benachteiligten und böswilligen Personen es tun; daher postulieren Sie Götter und Teufel, Engel und Dämonen. Sie besänftigen diese Mächte mit Geschenken, sogenannten Opfern, und Schmeicheleien, sogenannten Lobpreisungen. Dann lässt dich das Kantische Moralgesetz in dir deinen Gott als einen Richter begreifen; und sogleich versuchst du ihn zu verderben, auch mit Geschenken und Schmeicheleien. Das kommt uns schockierend vor; aber unser Einwand dagegen ist eine recht neue Entwicklung: Noch vor Shakespeares Zeiten hielt man es für ganz natürlich, dass Prozessparteien menschlichen Richtern Geschenke machen sollten; und der Abkauf des göttlichen Zorns durch tatsächliche Geldzahlungen an Priester oder, in den reformierten Kirchen, die dies abmildern, durch Abonnements für Wohltätigkeitsorganisationen, Kirchenbau und dergleichen, ist immer noch in vollem Gange. Sein praktischer Nachteil besteht darin, dass es zwar den Reichen die Sache sehr erleichtert, die Armen jedoch von jeder Hoffnung auf göttliche Gunst abschneidet. Und das treibt die moralische Kritik an den Armen so sehr voran, dass sie bald feststellen, dass das moralische Gesetz in ihnen sich gegen die Idee auflehnt, die Gottheit mit Gold und Geschenken abzukaufen, obwohl sie immer noch bereit sind, ihn damit abzukaufen das Papiergeld des Lobes und der Reuebekenntnisse. Dementsprechend werden Sie feststellen, dass eine Religion in primitiven Gemeinschaften, in denen die Lebensbedingungen keinen Raum für Armut und Reichtum lassen und der

Prozess der Besänftigung übernatürlicher Kräfte auch in den Möglichkeiten der Geringsten liegt, viele Jahrhunderte unverändert bestehen kann Mitglieder wie innerhalb derjenigen des Häuptlings, doch wenn die kommerzielle Zivilisation Einzug hält und der Kapitalismus das Volk in einige wenige Reiche und viele so arme Menschen spaltet, dass sie kaum leben können, wird unter den Armen eine Bewegung für religiöse Reformen entstehen, und zwar im Wesentlichen eine Bewegung für billige oder völlig unentgeltliche Erlösung. Um zu verstehen, was die Armen unter Sühne verstehen, müssen wir einen Moment untersuchen, was sie unter Gerechtigkeit verstehen.

DER UNTERSCHIED ZWISCHEN SÜHNE UND STRAFE

Die primitive Idee der Gerechtigkeit ist teils legalisierte Rache, teils Sühne durch Opfer. Es kommt auf beiden Seiten zum Tragen, wenn man davon ausgeht, dass zwei Schwarze einen Weißen ergeben und dass, wenn ein Unrecht begangen wurde, es durch ein gleichwertiges Leid bezahlt werden sollte. Für die Philistermehrheit erscheint es selbstverständlich, dass dieses entschädigende Leid dem Übeltäter zugefügt wird, um eine abschreckende Wirkung auf andere Möchtegern-Übeltäter zu haben; Aber wenn man kurz darüber nachdenkt, wird sich zeigen, dass diese nützliche Anwendung die gesamte Transaktion beschädigt. Beispielsweise kann das Vergießen unschuldigen Blutes nicht durch das Vergießen schuldigen Blutes ausgeglichen werden. Einen Verbrecher zu opfern, um Gott für die Ermordung eines seiner rechtschaffenen Diener zu versöhnen, ist so, als würde man ein räudiges Schaf oder einen Ochsen mit der Rinderpest opfern: Es ruft den göttlichen Zorn herbei, anstatt ihn zu besänftigen. Indem wir es tun, bieten wir Gott als Opfer die Befriedigung unserer eigenen Rache und den Schutz unseres eigenen Lebens an, ohne dass uns dafür Kosten entstehen; und die Kosten für uns selbst sind die Essenz von Opfer und Sühne. So sehr es den Philistern auch gelungen ist, diese Dinge in der Praxis zu verwirren, so sind sie doch im Sinne der Salutisten deutlich und sogar im Widerspruch dazu. Der Cousin des Baronets in Dickens' Roman, der verblüfft darüber, dass es der Polizei nicht gelungen war, den Mörder des Anwalts des Baronets zu finden, sagte und sagte: „Es ist viel besser, den falschen Kerl zu hängen, als gar keinen", drückte er nicht nur ein weit verbreitetes Gefühl aus, sondern zitterte auch darüber Rande der seltenen salutistischen Meinung, dass es viel besser ist, den falschen Kerl zu hängen: dass tatsächlich der falsche Kerl der richtige Kerl ist, den man hängen lässt.

Der Punkt ist von grundlegender Bedeutung, denn solange wir ihn nicht begreifen, bleibt uns nicht nur das historische Christentum unverständlich, sondern diejenigen, denen das historische Christentum egal ist, könnten auch in den Fehler geraten, anzunehmen, dass wir die Rache aufgeben und stattdessen Mörder behandeln genau so, wie Gott Kain behandelte: das heißt, sie von der Strafe zu befreien, indem man sie mit einem Brandzeichen als Opfer unwürdig belegte, und sie der Welt so gut wie möglich mit diesem Brandmal entgegentreten zu lassen, wir sollten sowohl Strafe als auch Opfer loswerden . Daraus würde sich keineswegs ergeben: Im Gegenteil, das Gefühl, dass es eine Sühne für den Mord geben muss, könnte möglicherweise dazu führen, dass wir einen unschuldigen Menschen – je unschuldiger, desto besser – einem grausamen Tod aussetzen, um die Rechnung mit der göttlichen Gerechtigkeit abzugleichen .

ERLÖSUNG ZUERST EIN KLASSENPRIVILEG; UND DAS ABHILFE

Selbst wenn also die Armen entscheiden, dass die Kaufmethode, indem sie Widder und Ziegen opfern oder Gold zum Altar bringen, falsch sein muss, weil sie es sich nicht leisten können, fühlen wir uns ohne Opfer und Opfer immer noch nicht „gerettet“. Vergeblich versuchen wir, sie durch mystische Riten zu ersetzen, die nichts kosten, wie die Beschneidung oder als Ersatz dafür die Taufe. Unser Gerechtigkeitssinn verlangt immer noch eine Sühne, ein Opfer, einen Leidenden für unsere Sünden. Und das lässt den armen Mann immer noch in seinen alten Schwierigkeiten zurück; Denn wenn es ihm unmöglich war, Widder, Ziegen und Schekel zu beschaffen, wie viel unmöglicher ist es für ihn, einen Nachbarn zu finden, der freiwillig für seine Sünden büßen würde: jemanden, der fröhlich sagen würde: „Sie haben einen Mord begangen. Nun ja, niemals.“ Verstand: Ich bin bereit, dafür an deiner Stelle gehängt zu werden?“

Unsere Fantasie muss uns zu Hilfe kommen. Warum nicht, anstatt uns in die Verzweiflung zu treiben, indem wir auf einer separaten Sühne durch einen separaten Erlöser für jede Sünde bestehen, eine große Sühne und einen großen Erlöser haben, die die Sünden der Welt ein für alle Mal ausgleichen? Nichts einfacher, nichts billiger. Das Joch ist leicht, die Last leicht. Wenn der Erlöser einmal gefunden (oder von der Fantasie erfunden) ist, müssen Sie nur noch an die Wirksamkeit der Transaktion glauben, und schon sind Sie gerettet. Die Widder und Ziegen hören auf zu bluten; die Altäre, die teure Gaben und immer neue Opfer verlangen, werden abgerissen; und die Kirche des einzigen Erlösers und der einzigen Sühne erhebt sich auf den Ruinen der alten Tempel und wird zu einer einzigen Kirche des Christus.

RÜCKSPEKTIVE SÜHNE UND DIE ERWARTUNG DES ERLÖSER

Dies geschieht jedoch nicht sofort. Zwischen der alten kostspieligen Religion der Reichen und der neuen unentgeltlichen Religion der Armen entsteht ein Interregnum, in dem der Erlöser, obwohl er von der menschlichen Vorstellungskraft erdacht wurde, noch nicht gefunden ist. Er wird unter den Namen des Christus, des Messias, Baldurs des Schönen oder was auch immer erwartet und erwartet; aber er ist noch nicht gekommen. Doch die Sünder sind deshalb nicht verzweifelt. Es ist wahr, dass sie nicht sagen können, wie wir sagen: „Der Christus ist gekommen und hat uns erlöst"; aber sie können sagen: „Der Christus wird kommen und uns erlösen", was ebenso tröstlich ist, da das Sühnopfer als Retrospektive verstanden wird. Es gibt Zeiten, in denen Nationen die Dinge mit dieser Erwartung sehen und laut über die Prophezeiung des Erlösers durch ihre Dichter schreien. Um diese Atmosphäre zu spüren, müssen wir nur zur Bibel greifen und am einen Ende einer solchen Periode Jesaja und am anderen Lukas und Johannes lesen.

ABSCHLUSS DES PLANS DURCH LUTHER UND CALVIN

Wir sehen unsere Religion jetzt als eine seltsame, aber durchaus verständliche Entwicklung von groben Versuchen, die zerstörerischen Kräfte der Natur unter Wilden zu besänftigen, zu einer subtilen Theologie mit einem kostspieligen Opferritual, das nur den Reichen als Luxus vorbehalten war, und schließlich zur Religion Luthers und Calvin. Und zu den früheren Formen muss gesagt werden, dass sie mit sehr realen Opfern verbunden waren. Das Opfer war nicht immer stellvertretend und ist es auch noch nicht überall. In Indien bezahlen Männer mit ihrer eigenen Haut und quälen sich abscheulich, um Heiligkeit zu erlangen. Im Westen verblüfften Heilige die Welt mit ihren Sparmaßnahmen, Selbstgeißelungen , Beichten und Mahnwachen. Aber Luther hat uns von all dem befreit. Seine Reformation war ein Triumph der Fantasie und ein Triumph der Billigkeit. Es brachte dir die vollständige Erlösung und verlangte von dir nichts als Glauben. Luther wusste nicht, was er auf die wissenschaftlich-soziologische Weise tat, wie wir es kennen; aber sein Instinkt diente ihm besser, als Wissen es hätte tun können; denn es war eher Instinkt als theologische Kasuistik, die ihn so entschieden an der Rechtfertigung durch den Glauben festhalten ließ, als der Trumpfkarte, mit der er den Papst schlagen sollte, oder, wie er es ausgedrückt hätte, dem Zeichen, in dem er siegen sollte. Man könnte sagen, dass er die Gebühr für die Aufnahme in den Himmel abgeschafft hat. Paulus hatte dies befürwortet; aber Luther und Calvin haben es getan.

JOHN BARLEYCORN

Es gibt noch eine weitere Seite in der Geschichte der Religion, die vertuscht und verarbeitet werden muss, bevor die Karriere Jesu vollständig verstanden werden kann. Leute, die lange Bücher lesen können, werden es in Frazers Golden Bough finden. Einfachere Leute werden es im Bauernlied von John Barleycorn finden, das jetzt unseren Salonamateuren in den bewundernswerten Sammlungen von Somersetshire Folk Songs von Mr. Cecil Sharp zugänglich gemacht wird. Aus Frazers Magnum Opus erfahren Sie, wie die gleiche primitive Logik, die den Engländer heute glauben lässt, dass er durch den Verzehr eines Beefsteaks die Kraft und den Mut des Stiers erlangen kann, und diesen Glauben auch angesichts der schändlichsten Niederlagen vegetarischer Ringer aufrechtzuerhalten und Rennfahrer und Radfahrer, brachten die ersten Menschen, die Gott für fähig zur Inkarnation hielten, zu dem Glauben, dass sie einen Funken seiner Göttlichkeit erlangen könnten, indem sie sein Fleisch aßen und sein Blut tranken. Und aus dem Lied von John Barleycorn können Sie lernen, wie das Wunder des Samens, des Wachstums und der Ernte, immer noch das wunderbarste aller Wunder und so unerklärlich wie eh und je, den primitiven Landwirt lehrte, und wie wir jetzt bestätigen müssen , lehrte ihn völlig zu Recht, dass Gott im Samen ist und dass Gott unsterblich ist. Und so wurde es zur Prüfung Gottes, dass nichts, was man ihm antun konnte, es töten konnte, und dass es, wenn man es begrub, in erneuertem Leben und neuer Schönheit wieder auferstehen und der Menschheit ewiges Leben geben würde, unter der Bedingung, dass es gegessen und getrunken wurde. und wieder getötet und begraben, um für immer und ewig wieder aufzuerstehen. Sie können und müssen in der Tat John Barleycorn als „richtiges barbarisches Blut " verwenden, ihn mit Ihren Sensen „am Knie abschneiden", ihn mit Ihren Dreschflegeln geißeln und ihn in der Erde begraben; und er wird dir nicht widerstehen und dir keine Vorwürfe machen, sondern er wird in goldener Schönheit inmitten eines großen Sonnenscheins und Vogelgesangs wieder auferstehen und dich retten und dein Leben erneuern. Und aus der Verflechtung dieser beiden Traditionen mit der Sehnsucht nach dem Erlöser gewinnt man schließlich die Überzeugung, dass der Erlöser unsterblich sein wird, wenn er kommt ; er wird uns seinen Körper zum Essen und sein Blut zum Trinken geben; und er wird seine Göttlichkeit beweisen, indem er ohne Widerstand oder Tadel einen barbarischen Tod erleidet, von den Toten aufersteht und in Herrlichkeit als Geber des ewigen Lebens auf die Erde zurückkehrt.

Auf der Suche nach dem Ende der Welt

Ein weiterer hartnäckiger Glaube beschäftigt die Fantasie der Religiösen, seit sich die Religion unter den Armen verbreitet hat, oder besser gesagt, seit die kommerzielle Zivilisation eine hoffnungslos arme Klasse hervorgebracht hat, die von den Freuden dieser Welt abgeschnitten ist. Dieser Glaube besagt, dass das Ende dieser Welt nahe ist und dass sie bald vergehen und durch ein

Königreich des Glücks, der Gerechtigkeit und der Glückseligkeit ersetzt werden wird, an dem die Reichen, die Unterdrücker und die Ungerechten keinen Anteil haben werden. Wir alle kennen diese Erwartung: Viele von uns schätzen einen frommen Verwandten, der in jeder großen Katastrophe ein Zeichen des nahenden Endes sieht. Warnbroschüren sind ständig im Umlauf: Anzeigen werden in die Zeitungen geschaltet und von denen bezahlt, die überzeugt sind und entsetzt über die Gleichgültigkeit der Unreligiösen gegenüber dem bevorstehenden Untergang sind. Und Erweckungsprediger versäumen es heute wie in den Tagen Johannes des Täufers selten, ihre Herden zu ermahnen, zu wachen und zu beten, da der große Tag sich wie ein Dieb in der Nacht über sie schleichen wird und in einer so bösen Welt nicht lange aufgeschoben werden kann . Dieser Glaube verbindet sich auch mit der Wiederkunft von Barleycorn; damit die beiden Ereignisse endlich identifiziert werden.

Es gibt die andere und künstlichere Seite dieses Glaubens, bei der es sich um eine eingeimpfte Angst handelt. Der Herrscher, der sich auf die Aussicht auf den Himmel beruft, um die Armen zu trösten und sie vor Aufständen zu bewahren, dämmt die Boshaftigkeit auch ein, indem er ihnen mit der Hölle droht. Im Koran finden wir, dass Mohammed immer mehr zu diesem Regierungszweck getrieben wird; und die Erfahrung bestätigt seine offensichtliche Überzeugung, dass es in bestimmten Phasen der Zivilisation unmöglich ist, ohne sie zu regieren. Wir werden später sehen, dass es dem Glauben an einen Erlöser eine starke Anziehungskraft verleiht, da es zu der Reue des Gewissens, die verhärtete Menschen sehr leicht ertragen, eine deutliche Angst vor abscheulicher und ewiger Folter hinzufügt.

DIE EHRE GÖTTLICHER ERZIEHUNG

Eine weitere Tradition muss beachtet werden. Das Lob eines Königs besteht darin, zu erklären, dass er der Sohn keines irdischen Vaters, sondern eines Gottes ist. Seine Mutter geht in den Tempel des Apollon, und Apollo kommt in Gestalt einer Schlange oder dergleichen zu ihr. Die römischen Kaiser beanspruchten nach dem Vorbild des Augustus den Titel Gottes. Unlogischerweise bestehen solche göttlichen Könige weitgehend auf ihren königlichen menschlichen Vorfahren. Alexander, der behauptet, der Sohn Apollos zu sein, ist ebenso entschlossen, der Sohn Philipps zu sein. So wie die Evangelien vorliegen, geben Matthäus und Lukas Genealogien an (die beiden sind unterschiedlich), die die Abstammung Jesu durch Josef vom königlichen Haus Davids belegen, und erklären dennoch, dass nicht Josef, sondern der Heilige Geist der Vater Jesu war. Daher wird heute davon ausgegangen, dass die Geschichte vom Heiligen Geist eine spätere Ergänzung ist, die der griechischen und römischen Kaisertradition entlehnt ist. Die Erfahrung zeigt jedoch, dass gleichzeitiger Glaube an die Abstammung Davids und die Empfängnis durch den Heiligen Geist möglich ist. Der menschliche Geist hegt solche Doppelglauben, ohne sich dabei unwohl zu fühlen oder sich des damit verbundenen Widerspruchs bewusst zu sein. Man könnte viele Beispiele nennen: Ein meiner Generation bekanntes ist das des Tichborne- Klägers, dessen Versuch, sich als Baron auszugeben, von einer Arbeitervereinigung mit der Begründung unterstützt wurde, dass die Familie Tichborne dies mit ihrem Widerstand versuchte einen Arbeiter seiner Rechte berauben. Es ist durchaus möglich, dass Matthäus und Lukas sich des Widerspruchs nicht bewusst waren: Tatsächlich beseitigt die Interpolationstheorie die Schwierigkeit nicht, da die Interpolatoren selbst sich dessen nicht bewusst gewesen sein müssen. Ein besserer Grund für den Verdacht einer Interpolation ist, dass der heilige Paulus nichts von der göttlichen Geburt wusste und lehrte, dass Jesus bei seiner Geburt als Sohn Josefs in die Welt kam, aber nach drei Tagen als Sohn Gottes von den Toten auferstand. Auch hier bemerken nur wenige die Diskrepanz: Die drei Ansichten werden gleichzeitig ohne intellektuelles Unbehagen akzeptiert. Wir können vorübergehend ein halbes Dutzend widersprüchlicher Versionen eines Ereignisses in Betracht ziehen, wenn wir das Gefühl haben, dass es entweder keine große Rolle spielt oder dass es eine mögliche Kategorie gibt, in der die Widersprüche in Einklang gebracht werden können.

Aber das ist nicht der gegenwärtige Punkt. An dieser Stelle muss lediglich angemerkt werden, dass die Legende von der göttlichen Geburt in der römischen Kaiserzeit mit Sicherheit früher oder später sehr bedeutenden Persönlichkeiten innewohnte und dass moderne Theologen die wundersame Vorstellung nicht nur diskreditieren, sondern ganz logisch bestätigt haben von Jesus, sondern von seiner Mutter.

Mit keiner weiteren wissenschaftlichen Ausrüstung als der Kenntnis dieser Gewohnheiten der menschlichen Vorstellungskraft kann nun jeder die vier Evangelien ohne Verwirrung und ohne die verächtliche Ungläubigkeit lesen, die das Temperament vieler moderner Atheisten verdirbt, oder die sinnlose Leichtgläubigkeit, die fromme Menschen manchmal dazu zwingt, sich zu zwingen uns, sie in Notfällen als undurchführbare Wahnsinnige beiseite zu schieben, wenn sie uns auffordern, Gewalt und Ungerechtigkeit mit stummer Unterwerfung zu begegnen, in dem Glauben, dass das seltsame Verhalten Jesu vor Pilatus als Beispiel für normales menschliches Verhalten gedacht war. Geben wir zu, dass die Evangelien für einen modernen gebildeten Menschen ohne die richtigen Hinweise unsinnig und unglaubwürdig sind, während die Apostel unleserlich sind. Aber mit den Hinweisen sind sie ziemlich einfach unterwegs. Jesus wird zu einem verständlichen und konsequenten Menschen. Seine Gründe dafür, „wie ein Lamm zur Schlachtbank" zu gehen, anstatt sich wie Mohammed zu retten, werden deutlich. Die Erzählung wird so glaubwürdig wie jede andere historische Erzählung ihrer Zeit.

MATTHEW.

DIE VERKÜNDIGUNG: DAS MASSAKER: DER FLUG

Beginnen wir mit dem Matthäusevangelium und bedenken Sie, dass es sich nicht um die Aussage eines Augenzeugen handelt. Es handelt sich um eine Chronik, die wie andere Chroniken auf den Beweisen und Aufzeichnungen basiert, die der Chronist beschaffen konnte. Der einzige Evangelist, der vorgibt, als Augenzeuge aus erster Hand auszusagen, achtet natürlich darauf, dies zu sagen; und die Tatsache, dass Matthäus keinen solchen Anspruch erhebt und durchgehend als Chronist schreibt, macht deutlich, dass er die Geschichte von Jesus so erzählt, wie Holinshed die Geschichte von Macbeth erzählt hat, außer dass er es aus einem später anzugebenden Grund tun muss haben sein Material gesammelt und sein Buch noch zu Lebzeiten von Zeitgenossen Jesu fertiggestellt. Es muss auch berücksichtigt werden, dass das Evangelium in griechischer Sprache verfasst ist, während die Überlieferungen aus erster Hand und die tatsächlichen Äußerungen Jesu in Aramäisch, dem palästinensischen Dialekt, erfolgt sein müssen. Diese Unterscheidungen waren wichtig, wie Sie feststellen werden, wenn Sie Holinshed oder Froissart und dann Benvenuto Cellini lesen. Sie werfen Holinshed oder Froissart nicht vor, dass sie die Dinge, die sie gelesen oder erzählt bekommen haben, geglaubt und wiederholt haben, obwohl Sie diese Dinge selbst nicht immer glauben können. Aber wenn Cellini Ihnen erzählt, dass er dies oder jenes gesehen hat, und Sie es unmöglich finden, ihm zu glauben, verlieren Sie die Geduld mit ihm und neigen dazu, alles in seiner Autobiographie anzuzweifeln. Vergessen Sie also nicht, dass Matthew Holinshed und nicht Benvenuto ist. Die allerersten Seiten seiner Erzählung werden Ihre Einstellung auf die Probe stellen.

Matthäus erzählt uns, dass die Mutter Jesu mit einem Mann königlicher Abstammung namens Joseph verlobt war, der reich genug war, um in einem Haus in Bethlehem zu leben, dem die Könige Goldgeschenke überbringen konnten, ohne einen Kommentar zu provozieren. Ein Engel verkündet Joseph, dass Jesus der Sohn des Heiligen Geistes ist und dass er sie nicht der Untreue beschuldigen darf, weil sie einen Sohn geboren hat, dessen Vater er nicht ist; aber diese Episode verschwindet aus der folgenden Erzählung: Es gibt keine Aufzeichnungen darüber, dass sie Jesus erzählt wurde, noch gibt es Hinweise darauf, dass er davon Kenntnis hatte. Tatsächlich verläuft die Erzählung in jeder Hinsicht so, als ob die Verkündigung keinen Teil davon bilden würde.

Herodes, der Tetrarch, glaubt, dass ein Kind geboren wurde, das ihn zerstören wird, und befiehlt, alle männlichen Kinder abzuschlachten. und Jesus entkommt durch die Flucht seiner Eltern nach Ägypten, von wo aus sie nach Nazareth zurückkehren, wenn die Gefahr vorüber ist. Hier ist es notwendig, ein wenig vorwegzunehmen und zu sagen, dass keiner der anderen Evangelisten diese Geschichte akzeptiert, da keiner von ihnen außer Johannes, der Matthäus völlig über Bord wirft, seine Begeisterung teilt, Geschichte und Biographie als bloße Aufzeichnungen der Erfüllung der alten Juden zu behandeln Prophezeiungen. Dieser Wahnsinn veranlasste ihn zweifellos dazu, nach einer Legende zu suchen, die Hoseas „Aus Ägypten habe ich meinen Sohn gerufen" und Jeremias Rachel, die um ihre Kinder weinte, bestätigte. Tatsächlich sagt er es. Nichts, was uns heutzutage interessiert, hängt von der Glaubwürdigkeit des Massakers an Unschuldigen und der Flucht nach Ägypten ab. Wir können sie vergessen und zum wichtigen Teil der Erzählung übergehen, der sofort zur Menschheit Jesu überspringt.

JOHANNES DER TÄUFER

In diesem Moment bewegt ein Salutationsprophet namens Johannes die Menschen sehr stark. Johannes hat erklärt, dass der Ritus der Beschneidung als Hingabe des Einzelnen an Gott nicht ausreicht, und hat ihn durch den Ritus der Taufe ersetzt. Für uns alle, die wir an die Taufe als Selbstverständlichkeit gewöhnt sind und für die die Beschneidung eine ziemlich lächerliche, fremde Praxis ohne Konsequenzen ist, ist die sensationelle Wirkung einer solchen Häresie auf die Juden nicht ersichtlich: Sie erscheint uns als natürlich dass Johannes Menschen hätte taufen sollen, so wie es der Pfarrer unseres Dorfes tun sollte. Aber wie der heilige Paulus später zu seinem Leidwesen feststellen musste, war die Abschaffung der Beschneidung zur Taufe für die Juden der Beginn einer Ketzerei, so wie es für die Katholiken des 16. Jahrhunderts die Abschaffung der Transsubstantiation in der Messe war.

JESUS schließt sich den Baptisten an

Jesus trat als dreißigjähriger Mann (Lukas sagt) in das religiöse Leben seiner Zeit ein, indem er zu Johannes dem Täufer ging und von ihm die Taufe forderte, so wie vor vierzig Jahren einige wohlhabende junge Herren „den Sozialisten beitraten". Was das etablierte Judentum betraf, verbrannte er durch diese Aktion seine Boote und trennte sich von der Routine des Reichtums, des Ansehens und der Orthodoxie. Dann begann er, das Johannesevangelium zu predigen, das, abgesehen von der Häresie der Taufe, deren Wert darin lag, dass er die Heiden (das heißt die Unbeschnittenen) in den Bereich der Erlösung brachte, ein Aufruf an die Menschen war, ihre Sünden zu bereuen , als das Himmelreich nahe war. Lukas fügt hinzu, dass er auch den Kommunismus der Nächstenliebe predigte; forderte die Steuerbeamten auf, die Steuerzahler nicht zu hoch einzuschätzen; und riet den Soldaten, mit ihrem Lohn zufrieden zu sein und nicht gewalttätig zu sein oder falsche Anschuldigungen zu erheben. Es gibt keine Aufzeichnungen darüber, dass John darüber hinausging.

DER WILDE JOHANNES UND DER ZIVILISIERTE JESUS

Laut Matthäus ging Jesus sehr schnell darüber hinaus. Obwohl er wie Johannes ein Wanderprediger wurde, wich er weit von der Lebensweise des Johannes ab. Johannes ging in die Wüste, nicht in die Synagogen; und sein Taufbecken war der Jordan . Er war ein Asket, in Felle gekleidet , ernährte sich von Heuschrecken und wildem Honig und übte eine brutale Enthaltsamkeit. Er warb um das Märtyrertum und legte es Herodes in die Hände. Jesus sah weder in der Askese noch im Märtyrertum einen Verdienst. Im Gegensatz zu Johannes war er im Wesentlichen ein hochzivilisierter, kultivierter Mensch. Laut Lukas wies er selbst auf den Gegensatz hin und ärgerte sich über die Juden, weil sie sich darüber beschwerten, dass Johannes vom Teufel besessen sein müsse, weil er Abstinenzler und Vegetarier sei, während sie ihn als gefräßigen Mann beschimpften, weil Jesus weder das eine noch das andere war und ein Weinsäufer, der Freund der Beamten und ihrer Mätressen. Er sagte den genötigten Jüngern, dass sie genug Ärger von anderen Menschen bekommen würden, ohne etwas für sich selbst zu tun, und dass sie das Märtyrertum vermeiden und sich amüsieren sollten, solange sie die Chance dazu hätten. „Wenn sie dich in dieser Stadt verfolgen“, sagt er, „fliehe in die nächste.“ Er predigt in den Synagogen und unter freiem Himmel, gleichgültig, wie sie kommen. Er sagt wiederholt: „Ich wünsche mir Barmherzigkeit und nicht Opfer“, womit er offensichtlich den tief verwurzelten Aberglauben ablegen will, dass Leiden für Gott eine Wohltat sei. „Sei nicht traurig wie die Pharisäer“, sagt er. Er ist gesellig und feiert mit römischen Beamten und Sündern. Er ist rücksichtslos gegenüber seiner Person und wird zum Vorwurf gemacht, dass er sich nicht die Hände wäscht, bevor er sich an den Tisch setzt. Die Anhänger von Johannes dem Täufer, die fasten und erwarten, dass die Christen größere Asketen als sie selbst sind, sind enttäuscht, als sie feststellen, dass Jesus und seine zwölf Freunde nicht fasten; und Jesus sagt ihnen, dass sie sich über ihn freuen sollten, anstatt melancholisch zu sein. Er ist scherzhaft und sagt ihnen, dass sie bald alle so viel fasten werden, wie sie wollen, ob sie wollen oder nicht. Er hat keine Angst vor Krankheiten und speist mit einem Aussätzigen. Offenbar um ihn vor Infektionen zu schützen, schüttet eine Frau eine teure Salbe auf seinen Kopf und wird zurechtgewiesen, weil der Preis den Armen hätte gegeben werden können. Er lehnt diese niederträchtige Ansicht ab und sagt, wie er sagte, als er wegen seines Nichtfastens gerügt wurde, dass die Armen immer da sind, um ihnen zu helfen, aber dass er nicht immer da ist, um gesalbt zu werden, womit er andeutet, dass man nie eine Chance darauf verpassen sollte Glücklich sein, wenn es so viel Elend auf der Welt gibt. Er bricht den Sabbat; ist ungeduldig gegenüber Konventionalität, wenn diese unangenehm oder hinderlich ist; und verletzt die Gefühle der Juden durch Verstöße dagegen. Er neigt dazu, Menschen, die so denken, der Heuchelei zu bezichtigen. Wie der verstorbene Samuel Butler betrachtet er Krankheit als eine Folge der Sünde, und als er einen lahmen Mann heilte, sagt er: „Deine Sünden sind vergeben" statt „Steh auf und wandle" und behauptet dies anschließend, als die Schriftgelehrten ihm vorwerfen, dass er die Macht zur Vergebung an sich gerissen habe Sünde und Krankheit zu heilen, dass beides auf dasselbe hinausläuft. Er hat keine bescheidenen Neigungen und behauptet, größer zu sein als Salomo oder Jona. Als man Bunyan vorwirft, er greife beim Unterrichten in Gleichnissen auf die Kunst der Fiktion zurück, rechtfertigt er sich damit, dass Kunst die einzige Möglichkeit sei, das Volk zu belehren. Er ist, kurz gesagt, das, was wir einen Künstler und einen Bohemien in seiner Lebensweise nennen sollten.

JESUS KEIN PROSLETYST

Ein Punkt von erheblicher praktischer Bedeutung besteht heute darin, dass er ausdrücklich die Idee ablehnt, dass Religionsformen, wenn sie einmal verwurzelt sind, ausgemerzt und mit den Blüten eines fremden Glaubens neu bepflanzt werden können. „Wenn Sie versuchen, die Mängel auszurotten, werden Sie auch den Weizen ausrotten." Unsere missionarischen Unternehmungen zur Missionierung stehen somit völlig im Widerspruch zu seinem Rat; und ihre Ergebnisse scheinen ihn in seiner Ansicht zu bestätigen, dass man einen Mann, der in einem anderen Glauben aufgewachsen ist, zwangsläufig demoralisiert, wenn man ihn bekehrt. Er handelt selbst nach dieser Ansicht und bekehrt seine Anhänger nicht vom Judentum zum Christentum. Bis zum heutigen Tag wäre ein Christ in der Religion ein Jude, der durch die Taufe anstelle der Beschneidung initiiert wurde und Jesus als den Messias und seine Lehren als von höherer Autorität als die von Moses anerkennen würde, wenn nicht die jüdischen Priester gehandelt hätten, die sie retten würden Nachdem die Juden nach der Eroberung Jerusalems und der Zerstörung des Tempels in der steigenden Flut des Christentums untergetaucht waren, gründeten sie praktisch eine neue religiöse Ordnung mit neuen Schriften und ausgefeilten neuen Bräuchen und fügten ihrer Liste der Verfluchten einen Jeschu hinzu , ein Bastard-Zauberer, dessen komische Schurken ihm ein böses Ende bereiteten wie Punch oder Til Eulenspiegel : eine Erfindung, die sie teuer zu stehen kam, als die Christen politisch die Oberhand über sie gewannen. Der Jude als Jesus, der selbst Jude war, kannte ihn, träumte nie von solchen Dingen und konnte Jesus nachfolgen, ohne aufzuhören, Jude zu sein.

DIE LEHREN JESU.

So viel zu seinem Privatleben und seinem Temperament. Seine öffentliche Karriere als beliebter Prediger führt ihn ebenso weit über Johannes den Täufer hinaus. Er legt keinen Wert auf die Taufe oder die Gelübde und predigt ununterbrochen Verhalten. Er befürwortet den Kommunismus, die Ausweitung der Privatfamilie mit ihren engen Bindungen zur großen Familie der Menschheit unter der Vaterschaft Gottes, den Verzicht auf Rache und Strafe, die Bekämpfung des Bösen durch Gutes statt durch ein feindseliges Böse und eine organische Konzeption einer Gesellschaft, in der Sie kein unabhängiges Individuum, sondern ein Mitglied der Gesellschaft sind, wobei Ihr Nachbar ein weiteres Mitglied ist und jeder von Ihnen einander angehört, wie zwei Finger einer Hand, wobei die offensichtliche Schlussfolgerung lautet: Es sei denn, Sie lieben Ihren Nächsten wie sich selbst und er erwidert es, dass es euch beiden noch schlimmer gehen wird. All dies vermittelt er mit außergewöhnlichem Charme und unterhält seine Zuhörer mit Fabeln

(Gleichnissen), um es zu veranschaulichen. Er hat weder eine Synagoge noch eine reguläre Gemeinde, sondern reist von Ort zu Ort mit zwölf Männern, die er im Vorbeigehen von ihrer Arbeit abgerufen hat und die sie verlassen haben, um ihm zu folgen.

DIE WUNDER

Er verfügt über bestimmte ungewöhnliche Kräfte, mit denen er Wunder vollbringen kann. Er schämt sich dieser Kräfte, aber da er überaus mitfühlend ist, kann er sich nicht weigern, sie auszuüben, wenn leidende Menschen ihn um Heilung bitten, wenn Scharen von Menschen hungern und wenn seine Jünger vor Stürmen auf den Seen Angst haben. Er verlangt keine Belohnung, bittet das Volk jedoch, seine Kräfte nicht zu erwähnen. Es gibt zwei offensichtliche Gründe dafür, dass er es ablehnt, als Wundertäter bekannt zu sein. Einer davon ist der natürliche Einwand aller Menschen, die über solche Kräfte verfügen, aber weitaus wichtigere Geschäfte auf der Welt haben, als sie zur Schau zu stellen, in erster Linie als Scharlatane angesehen zu werden und außerdem dazu gedrängt zu werden, Ausstellungen zu veranstalten, um ihre Neugier zu befriedigen. Das andere ist, dass seine Ansicht über die Wirkung von Wundern auf seine Mission genau die ist, die später Rousseau vertrat. Er erkennt, dass sie ihn diskreditieren und die Aufmerksamkeit von seiner Lehre ablenken werden, indem sie eine völlig irrelevante Frage zwischen seinen Anhängern und seinen Gegnern aufwerfen.

Möglicherweise haben meine Leser Rousseaus „Letters Written From The Mountain" nicht studiert, das als das klassische Werk über Wunder als Zeugnisse göttlicher Mission angesehen werden kann. Rousseau zeigt, wie Jesus voraussah, dass die Wunder das Haupthindernis für die Akzeptanz des Christentums sind, weil ihre Unglaubwürdigkeit (wenn sie nicht unglaublich wären , wären sie keine Wunder) die Menschen skeptisch gegenüber der gesamten Erzählung macht, die im Großen und Ganzen glaubwürdig genug ist. in dem sie vorkommen, und misstrauisch gegenüber der Lehre, mit der sie so in Verbindung gebracht werden. „Werden Sie die Wunder los", sagte Rousseau, „und die ganze Welt wird Jesus Christus zu Füßen fallen." Er weist darauf hin, dass Wunder, die als Beweis für die Göttlichkeit angeboten werden und nicht überzeugen, die Göttlichkeit lächerlich machen. Er sagt, im Grunde hat es nichts damit zu tun, einen Lahmen gehen zu lassen: Tausende von Lahmen wurden geheilt und konnten ohne Wunder gehen. Bring mir einen Mann mit nur einem Bein und lass ihm sofort vor meinen Augen ein neues wachsen; und ich werde wirklich beeindruckt sein; Aber bloße Heilungen von Krankheiten, die oft zuvor geheilt wurden, sind als Beweis für etwas anderes als den Wunsch zu helfen und die Macht zu heilen völlig nutzlos.

Laut Matthäus stimmte Jesus so vollkommen mit Rousseau überein und spürte die Gefahr so stark, dass er darüber hinaus verärgert war, als Menschen, die nicht krank oder in Schwierigkeiten waren, zu ihm kamen und ihn baten, seine Kräfte als Zeichen seiner Mission auszuüben und lehnten mit einer Empörung ab, die sie, da sie Rousseaus Standpunkt nicht verstanden hatten, für sehr unvernünftig gehalten haben mussten. Als „eine böse und ehebrecherische Generation" bezeichnet zu werden, nur weil man einen Wundertäter bittet, seine Kräfte zur Schau zu stellen, ist eher eine Anfangserfahrung. Mahomet verlor übrigens auch die Beherrschung, wenn man ihn aufforderte, Wunder zu vollbringen. Aber Mahomet lehnte ausdrücklich alle ungewöhnlichen Befugnisse ab; wohingegen aus der Geschichte des Matthäus klar hervorgeht, dass Jesus (unglücklicherweise für sich selbst, wie er dachte) über gewisse Heilkräfte verfügte. Es ist auch offensichtlich, dass die Ausübung solcher Kräfte zu wilden Geschichten über magische Taten führen würde, die ihren Helden der Verurteilung als Betrüger unter Leuten aussetzen würden, deren gute Meinung für die durch seine Mission ins Leben gerufene Bewegung von großer Bedeutung war.

Aber das größte Ärgernis, das sich aus den Wundern ergeben würde, wäre die Irrelevanz der von ihnen aufgeworfenen Frage. Die Lehre Jesu hat nichts mit Wundern zu tun. Wenn seine Mission lediglich darin bestanden hätte, eine neue Methode zur Wiederherstellung verlorener Sehkraft zu demonstrieren, wäre das Wunder der Heilung von Blinden durchaus relevant gewesen. Aber zu sagen: „Du solltest deine Feinde lieben; und um dich davon zu überzeugen, werde ich jetzt damit beginnen, diesen Herrn vom grauen Star zu heilen", wäre für einen Mann mit der Intelligenz Jesu der Vorschlag eines Idioten gewesen. Wenn heute bewiesen werden könnte, dass keines der Wunder Jesu tatsächlich stattgefunden hat, würde dieser Beweis keine einzige seiner didaktischen Äußerungen entkräften; und umgekehrt, wenn bewiesen werden könnte, dass nicht nur die Wunder tatsächlich geschehen sind, sondern dass er tausend andere Wunder gewirkt hat, die tausendmal wunderbarer sind, würde seiner Lehre kein bisschen Gewicht hinzugefügt . Und doch wird seit Generationen die intellektuelle Energie von Skeptikern und Theologen verschwendet, indem sie über die Wunder streiten, in der Annahme, dass das Christentum in der Kontroverse darüber, ob die Geschichten von Matthäus falsch oder wahr sind, auf dem Spiel steht. Laut Matthäus selbst muss Jesus dies nur zu gut gewusst haben; Denn wohin er auch ging, wurde er mit dem Ruf nach Wundern bedrängt, obwohl seine Lehre Verwirrung hervorrief.

So viel zu den Wundern! Matthäus erzählt uns weiter, dass Jesus erklärte, dass seine Lehren von Kirche und Staat angegriffen würden und dass die gemeinsame Menge das Salz der Erde und das Licht der Welt sei. Seine Jünger würden in ihren Beziehungen zu den politischen und kirchlichen Organisationen wie Schafe unter Wölfen sein.

MATTHÄUS SCHREIBT JESUS WÜRDE ZU.

Matthew ist, wie die meisten Biographen, bestrebt, die Meinungen und Vorurteile seines Helden mit seinen eigenen gleichzusetzen. Obwohl er Jesus als tolerant bis hin zur Nachlässigkeit beschreibt, zieht er die Grenze zu den Heiden und stellt Jesus als einen bigotten Juden dar, der seine Mission ausschließlich als an „die verlorenen Schafe des Hauses Israel" gerichtet betrachtet. Als eine Frau aus Kanaan Jesus anflehte, ihre Tochter zu heilen, weigerte er sich zunächst, mit ihr zu sprechen, und sagte ihr dann brutal: „Es ist nicht angebracht, das Brot der Kinder zu nehmen und es den Hunden vorzuwerfen." Aber als die Frau sagte: „Wahrheit, Herr, doch die Hunde fressen von den Brosamen, die vom Tisch ihres Herrn fallen", ließ sie den Juden aus ihm herausschmelzen und machte Christus zum Christen. Zu der Frau, die er gerade einen Hund genannt hatte, sagte er: „O Frau, dein Glaube ist groß. Dir geschehe, wie du willst." Dies ist irgendwie eine der berührendsten Geschichten im Evangelium; vielleicht, weil die Frau den Propheten durch eine Berührung seiner eigenen besten Qualität zurechtweist. Es ist sicherlich untypisch ; Aber da die Sünden guter Menschen immer untypisch sind, ist es nicht sicher, die Geschichte abzulehnen, die im Interesse von Matthäus' Entschlossenheit erfunden wurde, dass Jesus nichts mit den Heiden zu tun haben soll. Auf jeden Fall ist die Geschichte da; und es ist keineswegs der einzige Fall, in dem Matthäus berichtet, dass Jesus trotz des Charmes seiner Predigten im privaten Verkehr äußerst unhöflich war.

DIE GROSSE VERÄNDERUNG.

Bisher ist die Geschichte die eines gesunden und interessanten Mannes, abgesehen von seinen besonderen Gaben als Redner, Heiler und Prophet . Aber es kommt zu einer beginnenden Veränderung. Eines Tages, nachdem die Jünger ihn lange Zeit durch ihre Missverständnisse über seine Mission und ihre Spekulationen, ob er einer der alten Propheten sei, entmutigt hatten, kommen sie wieder und wenn ja, welcher, löst sein Jünger Petrus plötzlich das Problem Ausruf: „Du bist der Christus, der Sohn des lebendigen Gottes." Darüber ist Jesus außerordentlich erfreut und aufgeregt. Er erklärt, dass

Petrus eine Offenbarung direkt von Gott erhalten hat. Er macht ein Wortspiel mit Petrus und erklärt ihn zum Gründer seiner Kirche. Und er akzeptiert sein Schicksal als Gott, indem er ankündigt, dass er getötet wird, wenn er nach Jerusalem geht; denn wenn er wirklich der Christus ist, ist es ein notwendiger Teil seines legendären Schicksals, dass er getötet wird. Petrus, der das nicht versteht, tadelt ihn für scheinbar feige Melancholie; Und Jesus wendet sich heftig gegen ihn und schreit: „Geh hinter mich, Satan."

Jesus ist nun besessen von der Überzeugung seiner Göttlichkeit und spricht ständig mit seinen Jüngern darüber, obwohl er ihnen verbietet, es anderen gegenüber zu erwähnen. Sie beginnen untereinander darüber zu streiten, welchen Platz sie im Himmel einnehmen werden, wenn sein Königreich errichtet wird. Dafür tadelt er sie energisch und wiederholt seine Lehre, dass Größe Dienst und nicht Herrschaft bedeutet; Aber er selbst, der immer instinktiv etwas hochmütig war, wird jetzt arrogant, diktatorisch und sogar beleidigend, antwortet seinen Kritikern nie ohne einen beleidigenden Beinamen und verflucht sogar einen Feigenbaum, der ihn enttäuscht, wenn er zu ihm geht, um Früchte zu holen. Er übernimmt alle Traditionen der Volksgötter und kündigt an, dass er wie John Barleycorn barbarisch getötet und begraben wird, aber von der Erde auferstehen und ins Leben zurückkehren wird. Er verbindet sich mit der uralten Stammeszeremonie, den Gott zu essen, indem er Brot und Wein segnet und sie seinen Jüngern mit den Worten „Das ist mein Körper, das ist mein Blut" überreicht. Er vergisst seine eigene Lehre und droht mit ewigem Feuer und ewiger Strafe. Zusätzlich zu seiner Barleycorn-Auferstehung kündigt er an, dass er ein zweites Mal in Herrlichkeit auf die Welt kommen und sein Königreich auf Erden errichten wird. Er befürchtet, dass dies dazu führen könnte, dass Betrüger auftauchen, die behaupten, er selbst zu sein, und erklärt ausdrücklich und wiederholt, dass sein eigenes Kommen, egal welche Wunder diese Betrüger vollbringen mögen, unverkennbar sein wird, da die Sterne vom Himmel fallen und Trompeten geblasen werden von Engeln. Weiter erklärt er, dass dies zu Lebzeiten der anwesenden Personen geschehen wird.

JERUSALEM UND DAS MYSTISCHE OPFER.

In dieser neuen Geisteshaltung betritt er schließlich Jerusalem unter großer Neugier der Bevölkerung; vertreibt die Geldwechsler und Opferverkäufer in einem Aufruhr aus dem Tempel; weigern Sie sich, sich für die Schönheiten und Wunder des Tempelgebäudes zu interessieren, mit der Begründung, dass in Zukunft kein Stein davon auf dem anderen übrig bleiben soll; beschimpft die Hohepriester und Ältesten in unerträglicher Weise; und wird nachts in einem Garten festgenommen, um einem

Volksaufstand zu entgehen. Er leistet keinen Widerstand, da er davon überzeugt ist, dass es zu seinem Schicksal als Gott gehört, ermordet zu werden und wieder aufzuerstehen. Einer seiner Anhänger zeigt Kampf und schneidet einem seiner Entführer das Ohr ab. Jesus tadelt ihn, versucht aber nicht, die Wunde zu heilen, obwohl er erklärt, dass er, wenn er Widerstand leisten wollte , leicht zwölf Millionen Engel zu seiner Hilfe rufen könnte. Er wird vor den Hohepriester geführt und von diesem dem römischen Statthalter übergeben, der sich darüber wundert, dass er sich stillschweigend weigert, sich in irgendeiner Weise zu verteidigen oder seinen Anklägern oder deren Zeugen zu widersprechen, da Pilatus natürlich keine Ahnung hat, dass der Gefangene sich selbst empfängt als einen unvermeidlichen Prozess der Qual, des Todes und der Beerdigung als Auftakt zur Auferstehung durchlaufen. Auch vor dem Hohepriester hat er geschwiegen, nur dass der Priester, als er ihn fragt, ob er der Christus, der Sohn Gottes sei, antwortet, dass sie alle den Sohn des Menschen sehen werden, der zur Rechten der Macht sitzt und auf den Wolken kommt vom Himmel. Er behält diese Haltung mit erschreckender Standhaftigkeit bei, während sie ihn ausschimpfen, verspotten, quälen und schließlich zwischen zwei Dieben kreuzigen. Sein anhaltender Durst- und Schmerzkampf am Kreuz bricht schließlich seinen Geist und er stirbt mit dem Schrei: „Mein Gott, warum hast du mich verlassen?“

NICHT DIESER MANN, SONDERN BARRABAS

Mittlerweile ist er sowohl vom Volk als auch von den Priestern eindeutig abgelehnt worden. Pilatus hat Mitleid mit ihm und kann nicht genau erkennen, was er getan hat (die Gotteslästerung, die den Hohepriester entsetzt hat, bewegt den Römer nicht), versucht ihn loszuwerden, indem er das Volk daran erinnert, dass es laut Brauch das Recht dazu hat ein damals freigelassener Gefangener, und schlägt vor, dass er Jesus freilassen sollte. Sie bestehen jedoch darauf, dass er stattdessen einen Gefangenen namens Barabbas freilässt und Jesus kreuzigen lässt. Matthäus gibt keinen Hinweis auf die Beliebtheit von Barabbas und beschreibt ihn einfach als „einen bemerkenswerten Gefangenen“. Die späteren Evangelien machen sehr deutlich deutlich, dass sein Vergehen Aufruhr und Aufruhr war; dass er ein Verfechter körperlicher Gewalt war; und dass er seinen Mann getötet hatte. Die Wahl von Barabbas erscheint somit als eine beliebte Wahl des militanten Verfechters physischer Gewalt gegenüber dem widerstandslosen Verfechter der Barmherzigkeit.

DIE AUFERSTEHUNG.

Matthäus erzählt dann, wie nach drei Tagen ein Engel die Familiengruft eines gewissen Joseph, eines reichen Mannes aus Arimathäa, öffnete, der Jesus darin begraben hatte, woraufhin Jesus aufstand und von Jerusalem nach Galiläa zurückkehrte und seine Predigt mit seinen Jüngern wieder aufnahm und ihnen dies versicherte er würde jetzt am Ende der Welt bei ihnen sein. An diesem Punkt bricht die Erzählung abrupt ab. Die Geschichte hat kein Ende.

DATUM DER ERZÄHLUNG DES MATTHÄUS.

Eine Auswirkung der Verheißung Jesu, zu Lebzeiten einiger seiner Zuhörer in Herrlichkeit wiederzukommen, besteht darin, dass das Evangelium ohne die Hilfe jeglicher Wissenschaft datiert wird. Es muss zu Lebzeiten der Zeitgenossen Jesu geschrieben worden sein, das heißt, als die Verheißung seiner Wiederkunft noch erfüllt werden konnte. Der Tod der letzten Person, die noch am Leben war, als Jesus sagte: „Es gibt einige von denen, die hier stehen, die werden den Tod nicht schmecken, bis sie den Menschensohn in seinem Königreich kommen sehen“, zerstörte die letzte Möglichkeit des versprochenen Zweiten Kommens und bestätigte die Ungläubigkeit von Pilatus und den Juden. Und da Matthäus als jemand schreibt, der an das Zweite Kommen glaubt, und seine Geschichte tatsächlich unvollendet lässt, um damit ein Ende zu finden, muss er sein Evangelium innerhalb eines Lebens nach der Kreuzigung verfasst haben. Außerdem muss er geglaubt haben, dass das Lesen von Büchern zu den Freuden des Himmelreichs auf Erden gehören würde.

KLASSENTYP VON MATTHÄUS' JESUS

Ein weiterer Umstand muss beachtet werden, wie er aus Matthäus hervorgeht. Obwohl er seine Geschichte so beginnt, dass er andeutet, dass Jesus zu den privilegierten Klassen gehörte, erwähnt er später, dass die Leute sagten, als Jesus versuchte, in seinem eigenen Land zu predigen, aber dort keinen Erfolg hatte: „Ist das nicht der?“ Zimmermannssohn?“ Aber das Verhalten Jesu ist durchweg das eines Aristokraten oder zumindest des Sohnes eines reichen Bürgers, und schon gar nicht eines demütigen Menschen. Wir müssen daher vorsichtig sein, uns Joseph nicht als einen modernen proletarischen Zimmermann vorzustellen, der für einen Wochenlohn arbeitet, sondern als einen Handwerksmeister königlicher Abstammung. Johannes der Täufer könnte ein Keir Hardie gewesen sein; aber der Jesus von Matthäus gehört zur Ruskin-Morris-Klasse.

Diese hochmütige Charakterisierung ist so deutlich, dass wir, wenn wir keine anderen Dokumente über Jesus als das Matthäusevangelium hätten, nicht so denken würden wie über ihn. Wir hätten viel weniger zögern sollen zu sagen: „Hier ist ein Mann, der gesund war, bis Petrus ihn als den Christus pries, und der dann ein Monomane wurde." Wir hätten darauf hinweisen sollen, dass seine Wahnvorstellungen unter Wahnsinnigen weit verbreitet sind und dass ein solcher Wahnsinn durchaus mit der Beibehaltung der argumentativen List und Scharfsinnigkeit vereinbar ist, die Jesus in Jerusalem an den Tag legte, nachdem seine Wahnvorstellung ihn vollständig erfasst hatte. Wir würden uns über die Geißelung, den Spott und die Kreuzigung genauso entsetzen, wie wenn Ruskin auf diese Weise behandelt worden wäre, als er ebenfalls verrückt wurde, anstatt wie ein Invalide betreut zu werden. Und wir hätten keine klare Vorstellung von der besonderen Bedeutung seiner Art haben, den Sohn Gottes als Menschensohn zu bezeichnen. Wir hätten bemerken müssen, dass er Kommunist war; dass er vieles von dem, was wir Recht und Ordnung nennen, als Maschinerie betrachtete, um die Armen unter legalen Formen auszurauben; dass er häusliche Bindungen für eine Schlinge für die Seele hielt; dass er dem Sprichwort „Je näher die Kirche, desto weiter von Gott entfernt" zustimmte; dass er ganz klar erkannte, dass die Herren der Gemeinschaft ihre Diener und nicht ihre Unterdrücker und Parasiten sein sollten; und dass er uns zwar nicht sagte, wir sollten nicht gegen unsere Feinde kämpfen, uns aber doch sagte, wir sollten sie lieben, und er warnte uns, dass diejenigen, die das Schwert zogen, durch das Schwert umkommen würden. All dies zeigt die große Fähigkeit, vulgäre Illusionen zu durchschauen, und die Fähigkeit zu einer höheren Moral, als sie bisher in irgendeiner zivilisierten Gemeinschaft etabliert wurde; Aber es stellt Jesus nicht über Konfuzius oder Platon, ganz zu schweigen von den moderneren Philosophen und Moralisten.

MARKIEREN.

Die Jüngerinnen und die Himmelfahrt.

Schauen wir mal, ob wir aus Markus, dessen Evangelium übrigens älter sein soll als das Matthäusevangelium, noch mehr herausholen können. Mark fasst sich kurz; und es dauert nicht lange, um zu entdecken, dass er Matthäus nichts hinzufügt außer dem Ende der Geschichte durch die Himmelfahrt Christi und der Nachricht, dass viele Frauen mit Jesus nach Jerusalem gekommen waren, darunter Maria Magdalena, aus der er sieben Frauen vertrieben hatte Teufel. Auf der anderen Seite sagt Markus nichts über die Geburt Jesu und geht bis zu seiner Erwachsenentaufe durch Johannes nicht auf seine Karriere ein. Offenbar betrachtet er Jesus wie Johannes als einen Eingeborenen aus Nazareth und nicht wie Matthäus und Lukas aus Bethlehem, da Bethlehem die Stadt Davids ist, von der Matthäus und Lukas sagen, dass Jesus von ihr abstammt. Er beschreibt die Lehre des Johannes als „Taufe der Reue zur Vergebung der Sünden": also eine Form des Salutismus. Er sagt uns, dass Jesus in die Synagogen ging und lehrte, nicht wie die Schriftgelehrten, sondern als jemand mit Autorität: Das heißt, wir schließen daraus, dass er seine eigene Lehre als echter Moralist predigt, anstatt zu wiederholen, was in den Büchern steht. Er beschreibt das Wunder, dass Jesus das Boot erreichte, indem er über das Meer ging, sagt aber nichts darüber, dass Petrus dasselbe versuchte. Markus sieht das, was er erzählt, lebendiger als Matthäus und gibt Details an, die dem Leser das Ereignis klarer vor Augen führen. Er sagt zum Beispiel, dass Jesus, als er auf den Wellen zum Boot ging, gerade daran vorbeikam, als die Jünger ihn riefen. Er scheint der Meinung zu sein, dass Jesu Behandlung der Frau aus Kanaan einer Entschuldigung bedarf, und sagt deshalb, dass sie eine Griechin syrophönizischer Abstammung war , was in Markuss Augen wahrscheinlich jegliche Unhöflichkeit ihr gegenüber entschuldigte. Er stellt den Vater des Jungen, den Jesus nach der Verklärung von Epilepsie heilte, als Skeptiker dar, der sagt: „Herr, ich glaube: Hilf dir, mein Unglaube zu sein." Er erzählt die Geschichte der Witwenmilbe, die Matthäus ausgelassen hat. Er erklärt, dass Barabbas „gebunden mit denen lag, die den Aufstand machten, Männern, die im Aufstand einen Mord begangen hatten". Josef von Arimathäa, der Jesus in seinem eigenen Grab begrub und der von Matthäus als Jünger beschrieben wird, wird von Markus als „jemand beschrieben, der auch selbst nach dem Reich Gottes suchte", was darauf hindeutet, dass er ein unabhängiger Sucher war. Markus verdient unsere Dankbarkeit dadurch, dass er die alten Prophezeiungen nicht erwähnt, und spart dadurch nicht nur Zeit, sondern vermeidet auch die absurde Schlussfolgerung, dass Christus lediglich ein vorher festgelegtes Ritual wie das Uhrwerk durchlief, anstatt zu leben. Schließlich berichtet Markus, dass Christus nach seiner Auferstehung gesagt habe, dass diejenigen, die an ihn glauben, gerettet werden und diejenigen, die nicht glauben, verdammt werden; aber es ist unmöglich herauszufinden, ob er unter einem Zustand der Verdammnis etwas versteht, das über einen Zustand des Irrtums hinausgeht. Die Paläographen betrachten diese Passage als von einem späteren Schreiber angehängt. Im Großen und Ganzen lässt Markus den modernen Leser dort zurück, wo Matthäus ihn verlassen hat.

Lukas.

Lukas, der Literaturkünstler.

Wenn wir zu Lukas kommen, treffen wir auf einen späteren Geschichtenerzähler, und zwar auf einen mit einer stärkeren natürlichen Begabung für seine Kunst. Bevor Sie zwanzig Zeilen des Lukasevangeliums gelesen haben, werden Sie sich darüber im Klaren sein, dass Sie vom Chronisten, der schreibt, um wichtige Fakten festzuhalten, zum Künstler übergegangen sind, der die Geschichte erzählt, um sie zu erzählen. Gleich zu Beginn erreicht er die bezauberndste Idylle der Bibel: die Geschichte von Maria, die aus der Herberge in den Stall drängt und ihren neugeborenen Sohn in die Krippe legt, und von den Hirten, die auf dem Feld bleiben und über ihre Herden wachen bei Nacht, und wie der Engel des Herrn zu ihnen kam und die Herrlichkeit des Herrn um sie herum leuchtete, und plötzlich war bei dem Engel eine Menge der himmlischen Heerscharen. Diese Hirten gehen in den Stall und nehmen in der Chronik des Matthäus den Platz der Könige ein. Diese Geschichte hat unsere Vorstellungskraft so vollständig erobert und fasziniert, dass die meisten von uns annehmen, dass alle Evangelien sie enthalten; aber es ist Lukes Geschichte und seine allein: Keiner der anderen hat die geringste Ahnung davon.

Der Charme der Lukas-Erzählung.

Lukas verleiht jedem Vorfall den Charme sentimentaler Romantik. Die Verkündigung, wie sie von Matthäus beschrieben wird, richtet sich an Joseph und ist lediglich eine Warnung an ihn, sich nicht wegen Fehlverhaltens von seiner Frau scheiden zu lassen. Im Lukasevangelium geht es viel ausführlicher um Maria selbst, mit einem Gefühl für die Ekstase der Braut des Heiligen Geistes. Jesus wird verfeinert und sanfter, fast bis zur Unkenntlichkeit: Der strenge, herrische Jünger Johannes des Täufers, der einen Pharisäer oder einen Schriftgelehrten nie ohne einen beleidigenden Beinamen anspricht, wird zu einem rücksichtsvollen, sanftmütigen, geselligen, fast weltmännischen Menschen; und der chauvinistische Jude wird zu einem Pro-Nichtjuden, der aus der Synagoge seiner eigenen Stadt geworfen wird, weil er die Gemeinde daran erinnert hat, dass die Propheten manchmal Nichtjuden den Juden vorgezogen hatten. Tatsächlich versuchen sie , ihn von einer Art tarpeischen Felsen herunterzuwerfen, den sie für Hinrichtungen verwenden; aber er bahnt sich seinen Weg durch sie hindurch und entkommt: der einzige Hinweis auf eine Waffentat seinerseits in den Evangelien. Von der syrophönizischen Frau gibt es kein Wort . Am Ende überwindet er seine Leiden ruhig; hält auf dem Weg zur Hinrichtung mit ruhiger Fassung eine Ansprache; verzweifelt nicht am Kreuz; und stirbt in vollkommener Würde, indem er seinen Geist Gott anvertraut, nachdem er um Vergebung seiner Verfolger mit der Begründung gebetet hat: „Sie wissen nicht, was sie tun." Laut Matthäus ist es Teil der Bitterkeit seines Todes, dass sogar die Diebe, die mit ihm gekreuzigt werden, ihn beschimpfen. Laut Lukas tut dies nur einer von ihnen; und er wird von dem anderen zurechtgewiesen, der Jesus bittet, seiner zu gedenken, wenn er in sein Königreich kommt. Darauf antwortet Jesus: „Heute wirst du mit mir im Paradies sein", womit er andeutet, dass er die drei Tage seines Todes dort verbringen wird. Kurz gesagt, es werden alle Mittel eingesetzt, um den rücksichtslosen Schrecken der Matthäus-Chronik loszuwerden und die Belastung durch die Passion zu lindern, indem Episoden berührt und Christus als über dem menschlichen Leiden erhaben dargestellt wird. Es ist Lukas' Jesus, der unsere Herzen erobert hat.

Der Hauch Pariser Romantik.

Lukas' romantische Zurückhaltung vor Unannehmlichkeiten und seine Sentimentalität werden durch seine Version der Frau mit der Salbung veranschaulicht. Matthäus und Markus beschreiben es als im Haus von Simon dem Aussätzigen geschehen, wo es als Geldverschwendung beanstandet wird. In Lukas' Version wird der Aussätzige zu einem reichen Pharisäer; die Frau wird zur Kameliendame; und über Geld und die Armen wird nichts gesagt. Die Frau wäscht die Füße Jesu mit ihren Tränen und trocknet sie mit ihren Haaren; und ihm wird vorgeworfen, dass er zulässt, dass eine sündige Frau ihn berührt. Es ist fast eine Adaption des unromantischen Matthäus an die Pariser Bühne. Es gibt einen deutlichen Versuch, das weibliche Interesse durchweg zu steigern. Der leichte Vorsprung von Mark wird aufgegriffen und weiterentwickelt. Es wird mehr über die Mutter Jesu und ihre Gefühle gesagt. Die Gefolgschaft Christi der Frauen, die Markus gerade erwähnt hat, um ihre Anwesenheit an seinem Grab zu erklären, wird bereits früher vorgestellt; und einige der Frauen werden namentlich genannt; so dass wir Johanna, die Frau von Chuza , dem Verwalter des Herodes, und Susanna kennen lernen . Da ist die urige kleine häusliche Episode zwischen Maria und Martha. Es gibt das Gleichnis vom verlorenen Sohn, das an die Nachsicht appelliert, die die Romantik seit jeher für Charles Surface und Des Grieux zeigt . Frauen folgen Jesus bis zum Kreuz; und er hält ihnen eine Rede, die mit „Töchter Jerusalems" beginnt. So geringfügig diese Veränderungen auch erscheinen mögen, sie bewirken eine große Veränderung in der Atmosphäre. Der Christus des Matthäus hätte nie zu dem werden können, was man gemeinhin als Heldin einer Frau bezeichnet (obwohl die populäre Forderung nach Gefühlen, soweit sie nicht einfach menschlich ist, eher männlicher als weiblicher Natur ist); Aber der Christus des Lukas hat jene Bilder ermöglicht, die jetzt in vielen

Damengemächern hängen und in denen Jesus genau so dargestellt wird, wie er im Lourdes-Kinematographen dargestellt wird, und zwar von einem hübschen Schauspieler. Der einzige Anflug von Realismus, den Lukas nicht instinktiv unterdrückt, um eine solche Annehmlichkeit zu schaffen, ist der Vorwurf an Jesus, weil er sich an den Tisch gesetzt hat, ohne sich die Hände zu waschen; und das bleibt erhalten, weil ein interessanter Diskurs daran hängt.

Warten auf den Messias.

Ein weiteres neues Merkmal der Lukasgeschichte ist, dass sie in einer Welt beginnt, in der jeder auf die Ankunft Christi wartet. In Matthäus und Markus kommt Jesus in eine normale Philisterwelt wie unsere heutige. Erst als der Täufer vorhersagt, dass jemand, der größer ist als er selbst, nach ihm kommen wird, beginnt die alte jüdische Hoffnung auf einen Messias wieder zu erwachen; Und als Jesus als Jünger des Johannes begann und von ihm getauft wurde, verbindet ihn niemand mit dieser Hoffnung, bis Petrus die plötzliche Inspiration hatte, die eine so überraschende Wirkung auf Jesus hervorrief. Aber im Lukasevangelium sind die Gedanken der Männer und insbesondere der Frauen voller sehnsüchtiger Erwartung eines Christus, nicht nur vor der Geburt Jesu, sondern auch vor der Geburt von Johannes dem Täufer, dem Ereignis, mit dem Lukas seine Geschichte beginnt. Während Jesus und Johannes noch im Mutterleib sind, springt Johannes bei der Annäherung Jesu auf, als die beiden Mütter einander besuchen. Bei der Beschneidung Jesu begrüßen fromme Männer und Frauen das Kind als den Christus.

Der Baptist selbst ist nicht überzeugt; Denn zu einem ziemlich späten Zeitpunkt in der Karriere seines ehemaligen Jüngers schickt er zwei junge Männer los, um Jesus zu fragen, ob er wirklich der Christus sei. Das ist bemerkenswert, weil Jesus ihnen sofort eine bewusste Zurschaustellung von Wundern zeigt und sie auffordert, Johannes zu erzählen, was sie gesehen haben, und ihn zu fragen, was er jetzt denkt: Dies steht in völligem Widerspruch zu dem, was ich die Rousseau-Sicht der Wunder genannt habe, wie sie daraus abgeleitet wurde Matthew. Lukas zeigt die ganze Gedankenlosigkeit eines Romantikers gegenüber Wundern; er betrachtet sie als „Zeichen", das heißt als Beweise für die Göttlichkeit der Person, die sie ausführt, und nicht nur für thaumaturgische Kräfte. Er schwelgt in Wundern, genauso wie er in Gleichnissen schwelgt: Sie sind so großartige Geschichten. Er kann nicht zulassen, dass Petrus, Jakobus und Johannes von ihren Booten gerufen werden, ohne dass es zu einer komischen, wundersamen Überflutung mit Fischen kommt, bei der das Netz die Boote versenkt und Petrus zum Ausruf veranlasst: „Geh von mir, denn ich bin ein sündiger

Mensch, O." Herr", was wahrscheinlich mit „Ich will nicht mehr von deinen Wundern übersetzt werden: Naturfischerei ist gut genug für meine Boote."

Es gibt noch einige weitere Neuerungen in Lukas' Version. Pilatus schickt Jesus zu Herodes, der sich gerade in Jerusalem aufhält, weil Herodes Interesse an ihm geäußert hatte; aber es kommt nichts dabei heraus: Der Gefangene wird nicht mit ihm sprechen. Als Jesus in einem samaritanischen Dorf schlecht aufgenommen wird, schlagen Jakobus und Johannes vor, Feuer vom Himmel herabzurufen und es zu zerstören. und Jesus antwortet, dass er nicht gekommen ist, um Leben zu zerstören, sondern um sie zu retten. Hervorgehoben wird die Voreingenommenheit Jesu gegenüber Anwälten und auch seine Entschlossenheit, nicht zuzugeben, dass er mehr an seine Verwandten als an Fremde gebunden ist. Er brüskiert eine Frau, die seiner Mutter wehtut. Da dies im Widerspruch zu den Traditionen sentimentaler Romantik steht, hätte Lukas es vermutlich vermieden, wenn er nicht davon überzeugt worden wäre, dass die Bruderschaft der Menschen und die Vaterschaft Gottes sogar sentimentalen Erwägungen überlegen sind. Die Geschichte des Anwalts, der nach den beiden Hauptgeboten fragt, wird dadurch verändert, dass Jesus dem Anwalt die Frage stellt, anstatt sie zu beantworten.

Was die Lehre betrifft, wird Lukas erst dann klar, wenn seine Gefühle berührt werden. Seine Logik ist schwach; Denn einige der Aussprüche Jesu sind falsch zusammengesetzt, wie jeder, der sie in Matthäus in der richtigen Reihenfolge und im richtigen Kontext gelesen hat, sofort feststellen wird. Er macht aus der Mission Christi nichts Neues und denkt, wie die anderen Evangelisten, dass der springende Punkt darin besteht, dass Jesus der lange erwartete Christus war und dass er bald auf die Erde zurückkehren und sein Königreich errichten wird, nachdem er die Mission erfüllt hat starb und stand nach drei Tagen wieder auf. Doch Lukas dokumentiert nicht nur die Lehren über den Kommunismus und die Abschaffung des Hasses, die natürlich nichts mit der Wiederkunft Christi zu tun haben, sondern zitiert auch einen sehr bemerkenswerten Ausspruch, der damit nicht vereinbar ist, nämlich dass die Menschen das nicht tun dürfen Gehen Sie umher und fragen Sie, wo das Himmelreich ist, und sagen Sie: „Siehe, hier!" und „Siehe, da!" denn das Himmelreich ist in ihnen. Aber Lukas hat kein Gefühl dafür, dass dies einer ganz anderen Denkrichtung als seinem Christentum angehört, und behält unbeirrt seine Sicht auf das Königreich als einen so eindeutigen Ort wie Jerusalem oder Madagaskar bei.

JOHN.

EINE NEUE GESCHICHTE UND EIN NEUER CHARAKTER.

Das Johannesevangelium ist eine Überraschung nach den anderen. Matthäus, Markus und Lukas beschreiben dieselben Ereignisse in derselben Reihenfolge (die Abweichungen bei Lukas sind vernachlässigbar), und ihre Evangelien werden daher synoptische Evangelien genannt. Sie erzählen im Wesentlichen die gleiche Geschichte eines Wanderpredigers, der am Ende seines Lebens nach Jerusalem kam. John beschreibt einen Prediger, der praktisch sein gesamtes Erwachsenenleben in der Hauptstadt verbrachte und gelegentlich auch die Provinz besuchte. Sein ausführlicher Bericht über die Berufung von Petrus und den Söhnen des Zebedäus unterscheidet sich deutlich von den anderen; und er sagt nichts darüber, dass er Fischer sei. Er sagt ausdrücklich, dass Jesus, obwohl er von Johannes getauft wurde, die Taufe nicht selbst praktizierte , sondern dass seine Jünger dies taten. Der schmerzliche Appell Christi gegen sein Schicksal im Garten Gethsemane wird zu einem kaltblütigen Vorschlag, der im Tempel zu einer viel früheren Zeit gemacht wurde. Jesus argumentiert viel mehr; beklagt sich häufig über die Unvernünftigkeit und Abneigung, die ihm entgegengebracht werden; schweigt keineswegs vor Kaiphas und Pilatus; legt viel größeren Wert auf seine Auferstehung und auf das Essen seines Körpers (wodurch er alle seine Jünger außer den Zwölf verliert); sagt viele scheinbar widersprüchliche und unsinnige Dinge, auf die kein normaler Leser mehr einen Hinweis finden kann; und erweckt den Eindruck eines gebildeten, um nicht zu sagen anspruchsvollen Mystikers, der sich sowohl in seinem Charakter als auch in seiner Ausbildung von dem einfachen und regelrechten Prediger von Matthäus und Markus und dem weltgewandten, leichtsinnigen Charmeur von Lukas unterscheidet. Tatsächlich sagen die Juden über ihn: „Woher weiß dieser Mann, der es nie gelernt hat?“

JOHANNES DER UNSTERBLICHE AUGENZEUGE.

Darüber hinaus behauptet John, nicht nur Chronist, sondern auch Zeuge zu sein. Er erklärt, er sei „der Jünger, den Jesus liebte“, und dass er sich beim letzten Abendmahl tatsächlich an die Brust Jesu gelehnt und flüsternd gefragt habe, wer von ihnen es sei, der ihn verraten sollte. Jesus flüsterte ihm zu, dass er dem Verräter einen Schluck geben würde, und reichte ihn daraufhin Judas, der ihn aß und sofort vom Teufel besessen wurde. Dies ist natürlicher als die anderen Berichte, in denen Jesus offen auf Judas hinweist, ohne Protest oder Kommentar hervorzurufen. Es impliziert auch, dass Jesus Judas absichtlich verhext hat, um seinen eigenen Verrat herbeizuführen. Später behauptet Johannes , dass Jesus zu Petrus gesagt habe: „Wenn ich will, dass Johannes wartet, bis ich komme, was geht dich das an?"; und Johannes fügt mit einer ziemlich offensichtlich gespielten Bescheidenheit hinzu, dass er nicht behaupten dürfe, unsterblich zu sein, wie die Jünger schlussfolgerten; denn Christus benutzte diesen Ausdruck nicht, sondern bemerkte lediglich: „Wenn ich will, dass er verweilt, bis ich komme." Kein anderer Evangelist beansprucht eine persönliche Vertrautheit mit Christus oder behauptet auch nur, sein Zeitgenosse zu sein (es gibt keinen Grund, Matthäus, den Zöllner, mit Matthäus, dem Evangelisten, gleichzusetzen); und Johannes ist der einzige Evangelist, dessen Bericht über die Karriere und den Charakter Christi mit dem des Matthäus hoffnungslos unvereinbar ist. Er ist übrigens fast so schlecht wie Matthäus, wenn er wiederholt erklärt, dass die Handlungen Christi keinen anderen Zweck hätten, als die alten Prophezeiungen zu erfüllen. Der Eindruck ist noch unangenehmer, denn da Johannes im Gegensatz zu Matthäus gebildet, subtil und von künstlichen intellektuellen Mystifikationen besessen ist, löst die Entdeckung, dass er in einer so einfachen Sache dumm oder oberflächlich ist, trotz seines Misstrauens und Abneigung aus großer literarischer Charme, ein gutes Beispiel dafür ist seine Verwandlung der harten Episode der syrophönizischen Frau in die angenehme Geschichte der Frau von Samaria. Dies ist vielleicht der Grund, warum sein Anspruch, Johannes der Jünger oder ein Zeitgenosse Christi oder sogar eines Überlebenden der Generation Christi zu sein, bestritten und schließlich, wie es scheint, abgelehnt wurde. Aber ich wiederhole, dass ich die Streitigkeiten der Experten über die Datierung der Evangelien hier nicht zur Kenntnis nehme, nicht weil ich sie nicht kenne, sondern weil es sich bei den frühesten Kodizes um griechische Manuskripte aus dem vierten Jahrhundert n. Chr. und die syrischen handelt Da es sich bei einigen um Übersetzungen aus dem Griechischen handelt, hat der Paläographieexperte keine Schwierigkeiten, zu der Schlussfolgerung zu gelangen, die seinen Überzeugungen oder Unglauben entspricht. und es gelingt ihm nie, die anderen Experten zu überzeugen, außer wenn sie genauso glauben oder nicht glauben wie er. Daher komme ich zu dem Schluss, dass die Daten der ursprünglichen Erzählungen nicht ermittelt werden können und dass wir das Beste aus den eigenen Berichten der Evangelisten machen müssen. Wie wir gesehen haben, besteht zwischen ihnen ein sehr deutlicher Unterschied, der keinen Zweifel daran lässt, dass wir es mit vier Autoren von deutlich ausgeprägter Vielfalt zu tun haben; aber sie alle enden in einer Haltung der Erwartung des Zweiten Kommens, die sie darin einig sind, dass Jesus es seinen Zeitgenossen zu Lebzeiten positiv und eindeutig versprochen hat. Jeder Gläubige, der ein Evangelium zusammenstellte, nachdem der letzte dieser Zeitgenossen gestorben war, würde entweder die Überlieferung dieser Verheißung ablehnen und weglassen, mit der Begründung, dass sie nicht hätte gemacht werden können, da sie nicht erfüllt wurde und jetzt niemals erfüllt werden könnte, oder Andere hätten den Juden, die die schärfsten Kritiker der Christen waren, gestehen müssen, dass Jesus entweder ein Betrüger oder das Opfer einer Täuschung war. Nun erklären sich alle Evangelisten außer Matthäus ausdrücklich als Gläubige; und Matthews Erzählung ist offensichtlich nicht die eines Skeptikers. Ich gehe daher aus Gründen des gesunden Menschenverstandes davon aus, dass die Evangelien von Erzählungen aus dem ersten Jahrhundert n. Chr. abgeleitet sind, die im ersten Jahrhundert n. Chr. geschrieben wurden. Ich beziehe Johannes mit ein, denn obwohl behauptet werden kann, dass er seine Position abgesichert hat, indem er behauptete, Christus habe ihn besonders geliebt , ihm ein wundersames Leben bis zum Zweiten Kommen bescherte, und die Schlussfolgerung, dass Johannes zu diesem Zeitpunkt noch am Leben ist, kann ich nicht glauben, dass ein Literaturfälscher hoffen könnte, die Situation durch einen so unerhörten Anspruch zu retten. Außerdem ist die Erzählung des Johannes an vielen Stellen näher an der Realität des öffentlichen Lebens als die einfache Chronik des Matthäus oder der sentimentale Liebesroman des Lukas. Das mag daran liegen, dass John offensichtlich ein weltoffenerer Mann war als die anderen und wusste, was sich abseits von Büchern und Schreibtischen tatsächlich abspielt, was bloße Chronisten und Romantiker nie wissen. Es kann aber auch daran liegen, dass er gesehen und gehört hat, was passiert ist, anstatt Traditionen darüber zu sammeln. Die Paläographen und Datierer der Erstzitate mögen sagen, was sie wollen: Johannes' Behauptung, als Augenzeuge auszusagen, während die anderen nur die Geschichte zusammentragen, wird durch eine gewisse Wahrhaftigkeit gestützt, die mich als jemanden anspricht, der eine neue Lehre gepredigt und darüber argumentiert hat , plus geschriebene Geschichten. Diese Wahrhaftigkeit kann eine dramatische Kunst sein, die durch Kenntnisse des öffentlichen Lebens gestützt wird; aber auch dabei dürfen wir nicht vergessen, dass die beste dramatische Kunst das Wirken eines Wahrsagungsinstinkts für die Wahrheit ist. Wie dem auch sei, Johannes war sicherlich nicht der Mann, der an das Zweite Kommen glaubte und dennoch ein Datum dafür angab, nachdem dieses Datum bereits verstrichen war. Man kann sich der Schlussfolgerung wirklich nicht entziehen, dass die Originale aller Evangelien aus der Zeit stammen, in der noch die Möglichkeit bestand, dass das Zweite Kommen zur versprochenen Zeit stattfinden würde.

Die besondere Theologie Jesu.

Trotz des Misstrauens, das die Eigenheiten des Johannes hervorrufen, ist seine Erzählung von enormer Bedeutung für diejenigen, die sich auf die Evangelien verlassen, um eine glaubwürdige moderne Religion zu finden.

Denn es ist Johannes, der den anderen Aufzeichnungen Aussagen hinzufügt wie: „Ich und mein Vater sind eins"; dass „Gott ein Geist ist"; dass die Liebe Jesu nicht nur darin besteht, dass die Menschen Leben haben sollen, sondern dass sie es „in größerem Umfang" haben sollen (eine Unterscheidung, die Menschen dringend brauchen, die glauben, ein Mensch sei entweder lebendig oder tot, und sich nie Gedanken über die wichtige Frage machen, wie viel lebendig ist er); und dass die Menschen bedenken sollten, was ihnen im 82. Psalm gesagt wurde: dass sie Götter sind und dafür verantwortlich sind, die Barmherzigkeit und Gerechtigkeit Gottes zu tun. Die Juden steinigten ihn, weil er diese Dinge gesagt hatte, und als er ihnen vorwarf, weil er dummerweise jemanden gesteinigt hatte, der ihnen nichts als gute Werke getan hatte, antwortete er: „Wegen eines guten Werkes steinigen wir dich nicht, sondern wegen Gotteslästerung, weil du das bist." ein Mann, mach dich selbst zu Gott. Er betont (unter Bezugnahme auf den 82. Psalm), dass, wenn es Teil ihrer eigenen Religion sei, dass sie aufgrund der Zusicherung Gottes selbst Götter seien, es für ihn, den der Vater geheiligt und in die Welt gesandt habe, keine Gotteslästerung sein könne, zu sagen: „Ich." bin der Sohn Gottes." Aber das werden sie nicht um jeden Preis haben; und er muss ihrer Wut entkommen. Hier wird der Punkt durch die Unterscheidung verdunkelt, die Jesus zwischen sich selbst und anderen Menschen machte. Er sagt praktisch: „Wenn ihr Götter seid, dann bin ich erst recht ein Gott." John bringt ihn dazu, dies zu sagen, genauso wie er ihn sagen lässt: „Ich bin das Licht der Welt." Aber Matthäus lässt ihn zu den Menschen sagen: „Ihr seid das Licht der Welt." Johannes hat keinen Überblick über die Bedeutung dieser Fetzen, die er aufgeschnappt hat: Ihn interessiert weitaus mehr seine eigene Vorstellung, dass Menschen dem Tod entkommen und noch außergewöhnlichere Dinge tun können als Christus selbst: Tatsächlich stellt er Jesus als Jesus dar Er verspricht dies ausdrücklich und wird schließlich zu dem kühnen Hinweis verleitet, dass er, Johannes, selbst im Fleisch unsterblich sei. Dennoch vermisst er die bedeutungsvollen Sprüche nicht ganz. So unvereinbar sie auch mit der Doktrin sein mögen, die er bewusst vorantreibt, sie appellieren an einen unterintellektuellen Instinkt in ihm, der ihn dazu bringt, sie einzustecken, wie ein Kind, das Lametta-Sterne auf das Gewand eines Spielzeugengels klebt.

Johannes erwähnt die Himmelfahrt nicht; und am Ende seiner Erzählung erscheint Christus wieder zum Leben erweckt und erscheint von Zeit zu Zeit unter seinen Jüngern. Bei einer dieser Gelegenheiten beschreibt Johannes den wunderbaren Fischfang, den Lukas auf den Ruf der Söhne des Zebedäus am anderen Ende der Laufbahn Christi platziert.

Johannes stimmt dem Prozess und der Kreuzigung zu.

Obwohl Johannes, indem er seiner Praxis folgte, Jesu Fähigkeiten als Debattierer unter Beweis zu stellen, ihn bei seinem Prozess eine weniger passive Rolle spielen lässt, gibt er dennoch im Wesentlichen den gleichen Bericht darüber wie alle anderen. Und die Frage, die jedem modernen Leser in den Sinn kommen würde, kommt ihm nie in den Sinn, genauso wenig wie sie sich Matthäus, Markus oder Lukas gestellt hat. Die Frage lautet: Warum um alles in der Welt verteidigte sich Jesus nicht und ließ sich vom Volk vor dem Hohepriester retten? Er war so beliebt, dass man ihn weder daran hindern konnte, die Geldwechsler aus dem Tempel zu vertreiben, noch ihn dafür verhaften konnte. Als sie ihn später tatsächlich verhafteten, mussten sie dies nachts in einem Garten tun. Er hätte mit ihnen streiten können, wie er es oft im Tempel getan hatte, und sich sowohl gegenüber dem jüdischen Gesetz als auch gegenüber Cäsar rechtfertigen können. Und er verfügte über physische Gewalt, um seine Argumente zu untermauern: Alles, was nötig war, war eine Rede, um seine Anhänger zu sammeln; und er war nicht geknebelt. Die Evangelisten hätten geantwortet, dass all diese Nachforschungen müßig seien, denn wenn Jesus hätte fliehen wollen, hätte er sich diese ganze Mühe ersparen können, indem er das getan hätte, was Johannes von ihm beschreibt: nämlich seine Häscher auf die Erde zu werfen eine Ausübung seiner wundersamen Kraft. Hätte man Johannes gefragt, warum er zuließ, dass sie wieder aufstanden, ihn quälten und hinrichteten, hätte Johannes geantwortet, dass es Teil der Bestimmung Gottes sei, getötet und begraben zu werden und wieder aufzuerstehen, und dass es gewesen wäre, diesem Schicksal zu entgehen seine Gottheit zu verleugnen. Und das ist die einzige offensichtliche Erklärung. Ob Sie mit den Evangelisten glauben, dass Christus sich durch ein Wunder hätte retten können, oder als moderner Säkularist darauf hinweisen, dass er sich wirksam hätte verteidigen können, Tatsache bleibt, dass er dies allen Erzählungen zufolge nicht getan hat. Er musste wie ein Gott sterben, nicht um sich „wie einer der Fürsten“ zu retten. *

** Jesus selbst hatte sich auf den Psalm (LXXII) bezogen, in dem*

Männer, die ungerecht geurteilt und die Personen akzeptiert haben

böse (einschließlich im Voraus praktisch alle Weißen

Bewohner der britischen und nordamerikanischen Inseln

Kontinent, ganz zu schweigen von anderen Orten) werden in der verurteilt

Worte: „Ich habe gesagt: Ihr seid Götter, und ihr alle seid Kinder.“

des Allerhöchsten ; aber ihr werdet sterben wie Menschen und fallen wie Menschen

einer der Prinzen.

Der Konsens in diesem Punkt ist wichtig, denn er beweist die absolute Aufrichtigkeit der Erklärung Jesu, dass er ein Gott sei. Kein Betrüger hätte solch schreckliche Konsequenzen akzeptiert, ohne sich selbst zu retten. Kein Betrüger wäre nervös gewesen, sie in der Überzeugung zu ertragen, dass er nach drei Tagen aus dem Grab auferstehen und wieder leben würde. Wenn wir die Geschichte überhaupt akzeptieren, müssen wir daran glauben und auch daran glauben, dass sein Versprechen, in Herrlichkeit zurückzukehren und sein Königreich auf Erden zu errichten, noch während der Lebenszeit der damals lebenden Menschen, etwas war, von dem er glaubte, es erfüllen zu können und tatsächlich erfüllen zu müssen . Zwei Evangelisten erklären, dass er in seinem letzten Todeskampf verzweifelt sei und Gott Vorwürfe gemacht habe, weil er ihn im Stich gelassen habe. Die anderen beiden stellen ihn als Sterbender in unerschütterlicher Überzeugung und Barmherzigkeit dar, mit der einfachen Bemerkung, dass die Tortur beendet sei. Aber alle vier bezeugen, dass sein Glaube nicht enttäuscht wurde und dass er nach drei Tagen tatsächlich wieder auferstanden ist. Und ich halte es für unangemessen, daran zu zweifeln, dass alle vier ihre Erzählungen im vollen Glauben geschrieben haben, dass auch die andere Verheißung erfüllt werden würde und dass sie selbst das Zweite Kommen noch erleben würden.

GLAUBWÜRDIGKEIT DER EVANGELIEN.

Den älteren Lesern unter meinen Lesern, die sicherlich mehr oder weniger besessen von älteren Streitereien darüber sind, ob die Evangelien als sachliche Erzählungen glaubwürdig sind, wird aufgefallen sein, dass ich diese Frage kaum aufgeworfen und akzeptiert habe glaubwürdig und unglaublich mit gleicher Selbstgefälligkeit. Ich habe dies getan, weil Glaubwürdigkeit ein subjektiver Zustand ist, wie die Entwicklung des religiösen Glaubens deutlich zeigt. Glaube ist nicht von Beweisen und Vernunft abhängig. Es gibt ebenso viele Beweise dafür, dass die Wunder geschahen, wie dass die Schlacht von Waterloo stattfand oder dass eine große Gruppe russischer Truppen 1914 durch England zog, um am Krieg an der Westfront teilzunehmen. Die Gründe für den Glauben an die Ermordung des Pompeius sind dieselben wie die Gründe für den Glauben an die Auferweckung des Lazarus. Beides wurde von Männern gleicher Intelligenz geglaubt und angezweifelt. Wunder im Sinne von Phänomenen, die wir nicht erklären können, umgeben uns überall; Das Leben selbst ist das Wunder der Wunder. Wunder im Sinne von Ereignissen, die den normalen Ablauf unserer Erfahrung stören, werden jeden Tag bestätigt: Die blühende Kirche des Christus-Wissenschaftlers basiert auf einer Vielzahl solcher Wunder. Niemand glaubt an alle Wunder: Jeder glaubt an einige davon. Ich kann nicht sagen, warum Menschen, die nicht glauben, dass Jesus jemals existiert hat, dennoch fest daran glauben, dass Shakespeare Bacon war. Ich kann nicht sagen, warum Menschen, die glauben, dass in der Schlacht von Mons Engel erschienen und auf unserer Seite gekämpft haben, und die glauben, dass in Lourdes häufig Wunder geschehen, sich dennoch über das Wunder der Verflüssigung des Blutes des heiligen Januarius wundern und es ablehnen es als ein Trick der Priesterschaft. Ich kann nicht sagen, warum Menschen, die nicht an die Geschichte des Matthäus glauben, in der es um die drei Könige geht, die kostbare Geschenke zur Wiege Jesu bringen, an die Geschichte des Lukas von den Hirten und dem Stall glauben. Ich kann nicht sagen, warum Menschen, die dazu erzogen wurden, an die Bibel als unfehlbare Aufzeichnung und Offenbarung zu glauben, und diese Ansicht später ablehnen, zunächst das Alte Testament ablehnen und den Glauben an eine Schwefelhölle aufgeben, bevor sie nachgeben (falls sie es jemals tun) den Glauben an einen Himmel aus Harfen, Kronen und Thronen. Ich kann nicht sagen, warum Menschen, die unter keinen Umständen an die Taufe glauben, mit dem grausamen Fanatismus der Inquisitoren an Impfungen glauben. Ich bin davon überzeugt, dass, wenn ein Dutzend Skeptiker in parallelen Spalten eine Liste der in den Evangelien erzählten Ereignisse aufstellen würden, die sie für glaubwürdig bzw. unglaubwürdig halten, ihre Listen in mehreren Einzelheiten anders ausfallen würden. Glaube ist im wahrsten Sinne des Wortes Geschmackssache.

Moden des Glaubens.

Mittlerweile sind Geschmacksfragen meist auch Modefragen. Wir sind uns des Unterschieds zwischen mittelalterlichen Glaubensmoden und modernen Moden bewusst. Obwohl wir zum Beispiel leichtgläubiger sind als die Menschen im Mittelalter und solche Scharen von Wahrsagern, Zauberern, Wundertätern, Vermittlern der Kommunikation mit den Toten, Entdeckern des Lebenselixiers, Transmutatoren von Metallen und Heilern aller Art unterhalten Zaubersprüche, von denen das Mittelalter nie zu träumen gewagt hätte, dennoch werden wir unsere Wunder nicht in der Form annehmen, die das Mittelalter überzeugte. Arithmetische Zahlen faszinierten das Mittelalter genauso wie uns, weil sie schwierig zu handhaben sind und weil die größten Meister der Zahlen, die Newtons und Leibnitzes , zu den größten Männern zählen. Aber auch in Zahlen gibt es Moden. Das Mittelalter fand Gefallen an einer vertrauten Zahl wie der Sieben; und weil es eine ungerade Zahl war, die Welt in sieben Tagen erschaffen wurde und es in Charles' Wain sieben Sterne gibt und aus einem Dutzend anderer Gründe, waren sie bereit, alles zu glauben, was eine Sieben oder ein Sieben mal Sieben enthielt . Sieben Todsünden, sieben Schwerter des Kummers im Herzen der Jungfrau, sieben Verfechter des Christentums, schienen offensichtlich und vernünftig zu glauben, einfach weil sie sieben waren. Für uns hingegen ist die Zahl Sieben das Siegel des Aberglaubens. Wir werden an nichts weniger als Millionen glauben. Ein mittelalterlicher Arzt gewann das Vertrauen seines Patienten, indem er ihm erzählte, dass seine Organe von sieben Würmern verschlungen würden. Eine solche Diagnose würde einen modernen Arzt ruinieren. Der moderne Arzt sagt seinem Patienten, dass er krank sei, weil in jedem Tropfen seines Blutes eine Million Mikroben wimmeln; und der Patient glaubt ihm sofort und niederträchtig. Hätte ein Bischof Wilhelm dem Eroberer gesagt, dass die Sonne siebenundsiebzig Meilen von der Erde entfernt sei, hätte Wilhelm ihm nicht nur aus Respekt vor der Kirche geglaubt, sondern weil er der Meinung gewesen wäre, dass siebenundsiebzig Meilen die richtige Entfernung seien. Da der Kaiser ebenso wenig darüber wusste wie der Eroberer, schickte er diesen Bischof in eine Anstalt. Dennoch akzeptiert er (vermutlich) ohne zu zögern die Schätzung von zweiundneunzig und neun Zehntelmillionen Meilen, oder wie auch immer die neueste große Zahl sein mag.

Glaubwürdigkeit und Wahrheit.

Und hier muss ich Sie daran erinnern, dass unsere Leichtgläubigkeit nicht an der Wahrheit der Dinge gemessen werden kann, an die wir glauben. Als die Menschen glaubten, die Erde sei flach, waren sie nicht leichtgläubig: Sie nutzten ihren gesunden Menschenverstand und hätten, wenn man sie gebeten hätte, zu beweisen, dass die Erde flach sei, einfach gesagt: „Schau sie dir an." Wer nicht glauben will, dass es rund ist, übt eine gesunde Skepsis aus . Der moderne Mensch, der glaubt, die Erde sei rund, ist äußerst leichtgläubig. Männer der flachen Erde bringen ihn in Rage, indem sie ihn mit größter Leichtigkeit verwirren, wenn er versucht, darüber zu streiten. Konfrontieren Sie ihn mit der Theorie, dass die Erde zylindrisch, ringförmig oder sanduhrförmig ist, und er ist verloren. Das, woran er glaubt, mag wahr sein, aber das ist nicht der Grund, warum er es glaubt: Er glaubt es, weil es auf mysteriöse Weise seine Fantasie anregt. Wenn Sie ihn fragen, warum er glaubt, dass die Sonne über 90 Millionen Meilen entfernt ist, muss er entweder zugeben, dass er es nicht weiß, oder er wird sagen, dass Newton es bewiesen hat. Aber er hat die Abhandlung, in der Newton dies bewies, nicht gelesen und weiß nicht einmal, dass sie in lateinischer Sprache verfasst war. Wenn Sie einen Ulster-Protestanten fragen, warum er Newton für eine unfehlbare Autorität und den heiligen Thomas von Aquin oder den Papst für abergläubische Lügner hält, wird er nach seinem Tod das Vergnügen haben, von seinem Platz im Himmel aus zuzusehen, während sie darin rösten ewige Flamme, oder wenn Sie mich fragen, warum ich die Schätzungen von Colonel Sir Almroth Wright zur Anzahl der Streptokokken, die in einem bestimmten Serumvolumen enthalten sind, ernsthaft in Betracht ziehe, während ich über die früheren Schätzungen der Anzahl der Engel, die darin untergebracht werden können, nur lachen kann Auf die Spitze einer Nadel ist keine vernünftige Antwort möglich, außer dass Siebener und Engel irgendwie aus der Mode sind und Milliarden und Streptokokken in aller Munde sind. Ich kann Ihnen einfach nicht sagen, warum Bacon, Montaigne und Cervantes eine ganz andere Art der Leichtgläubigkeit und Ungläubigkeit hatten als der Ehrwürdige Bede und Piers Plowman und die göttlichen Ärzte der Schule von Aquin und Aristoteles, die sicherlich nicht dümmer waren und die gleichen Fakten hatten vor ihnen. Noch weniger kann ich erklären, warum, wenn wir davon ausgehen, dass diese Denker alle ihre Überzeugungen begründet hatten, ihre Autorität für eine Generation schlüssig und für eine andere blasphemisch erschien, obwohl keine Generation der Argumentation gefolgt war oder sich selbst mit den Fakten befasst hatte überhaupt.

Es ist daher müßig, mit dem Leser darüber zu streiten, was er an die Evangelien glauben und was er nicht glauben soll. Er wird glauben, was er kann, und nicht glauben, was er muss. Wenn er überhaupt Linien zieht, dann werden es recht willkürliche sein. Der heilige Johannes erzählt uns, dass, als Jesus durch das Sakrament seines Leibes und Blutes ausdrücklich göttliche Ehren beanspruchte, ihn so viele seiner Jünger verließen, dass ihre Zahl auf zwölf reduziert wurde. Viele moderne Leser werden nicht so lange durchhalten: Sie werden beim ersten Wunder nachgeben. Andere werden diskriminieren. Sie werden die heilenden Wunder akzeptieren und die Speisung der Menge ablehnen. Für manche wird das Gehen auf dem Wasser eine legendäre Übertreibung des Schwimmens sein, das in einer gewöhnlichen Rettung von Peter endet; und die Auferweckung des Lazarus wird nur eine ähnliche Verherrlichung einer alltäglichen Leistung der künstlichen Beatmung sein, während andere sie als eine geplante Betrügerei verspotten werden, bei der Lazarus als Verbündeter agierte. Zwischen der Ablehnung der Geschichten als völlig fabelhaft und der Annahme, dass sie von den Evangelisten selbst akzeptiert werden sollten, wird es viele Schattierungen von Glauben und Unglauben, von Sympathie und Spott geben. Es geht nicht darum, Christ zu sein oder nicht. Ein mohamedanischer Araber wird Teile der Erzählung wörtlich und ohne Frage akzeptieren, die ein englischer Erzbischof ablehnen oder wegerklären muss; und viele Theosophen und Liebhaber der Weisheit Indiens, die eine christliche Kirche nur als Touristen betreten, werden in Teilen des Johannesevangeliums Teile des Johannesevangeliums offenbaren, die einem frommen, sachlichen Hersteller aus Bradford nichts bedeuten. Jeder Leser nimmt aus der Bibel, was er bekommen kann. Indem ich eine genaue Beschreibung der Evangeliumserzählungen vorlege, habe ich weder eine Einschätzung ihrer Glaubwürdigkeit noch ihrer Wahrheit impliziert. Ich habe ihn lediglich darüber informiert bzw. daran erinnert, was uns diese Erzählungen über ihren Helden erzählen.

CHRISTLICHE IKONOLATRIE UND DIE GEFAHREN DES IKONOKLASTEN.

Ich muss diese Haltung nun aufgeben und die Aufmerksamkeit des Lesers ernsthaft auf sich ziehen, indem ich mich der Frage stelle, ob, ob und wann der mittelalterliche und methodistische Wille zum Glauben an die salutistische und wundersame Seite der Evangelienerzählungen uns im Stich lässt, was offensichtlich der Fall ist Wenn die Führer des modernen Denkens versagt haben, wird von der Mission Jesu etwas übrig bleiben: Kurz gesagt, wir dürfen die Evangelien nicht in den Papierkorb werfen oder sie in das Belletristikregal unserer Bibliotheken räumen. Ich wage zu antworten, dass wir uns im Gegenteil in der Lage des Mannes in Bunyans Rätsel befinden, der herausfand, dass „je mehr er wegwarf, desto mehr hatte er." Wir werden zunächst einmal die Götzendiener los ikonografische Verehrung Christi. Damit meine ich wörtlich die Verehrung, die den Bildern und Statuen von ihm und den fertigen und unveränderlichen Geschichten über ihn entgegengebracht wird. Der Beweis dafür, wie weit verbreitet dies ist, besteht darin, dass, wenn man von Jesus als einer echten lebenden Person oder sogar als einem noch aktiven Gott spricht oder schreibt, solche Anbeter mehr entsetzt sind als Don Juan, als die Statue von ihrem Sockel stieg und zum Abendessen kam mit ihm. Sie können die Göttlichkeit Jesu leugnen; Sie mögen bezweifeln, ob er jemals existiert hat; Sie können das Christentum zugunsten des Judentums, des Mohammedanismus , des Shintoismus oder der Feueranbetung ablehnen. und die Ikonolater werden Sie mit gelassener Verachtung nur als Freidenker oder Heiden einstufen. Aber wenn Sie sich fragen, wie Christus ausgesehen hätte, wenn er sich rasiert und die Haare geschnitten hätte, oder welche Schuhgröße er hatte, oder ob er fluchte, als er in der Schreinerei auf einem Nagel stand, oder ob er sein Gewand nicht zuknöpfen konnte wenn er in Eile war, oder ob er über die Schlagfertigkeiten lachte, mit denen er die Priester verblüffte, als sie versuchten, ihn in Volksverhetzung und Gotteslästerung zu locken, oder ob man auch nur einen Teil seiner Geschichte in den anschaulichen Worten des modernen Umgangsjargons erzählte, Sie werden bei den Bildermachern außerordentliche Bestürzung und Entsetzen hervorrufen. Sie haben dafür gesorgt, dass das Bild aus seinem Rahmen gerissen wird, die Statue von ihrem Sockel herabsteigt und die Geschichte wahr wird, mit all den unkalkulierbaren Konsequenzen, die sich aus diesem schrecklichen Wunder ergeben können. In solchen Momenten wird einem klar, dass die Ikonolater sich Christus niemals als eine reale Person vorgestellt haben, die meinte, was er sagte, als eine Tatsache, als eine Kraft wie Elektrizität, für deren Anwendung lediglich die Erfindung einer geeigneten politischen Maschinerie nötig wäre die Angelegenheiten der Menschheit mit revolutionärer Wirkung.

Daher ist es nicht der Unglaube, der in unserer Gesellschaft gefährlich ist, sondern der Glaube. In dem Moment, in dem es Ihnen auffällt (wie jeden Tag), dass Christus nicht das leblose, harmlose Bild ist, das er bisher für Sie war, sondern ein Sammelpunkt für revolutionäre Einflüsse, gegen den alle etablierten Staaten und Kirchen kämpfen, müssen Sie auf sich selbst schauen; denn du hast das Bild zum Leben erweckt; und der Mob ist möglicherweise nicht in der Lage, diesen Horror zu ertragen.

DIE ALTERNATIVE ZU BARRABAS.

Doch wenn die Zivilisation gerettet werden soll, muss man sich dem Mob stellen. Es brauchte nicht den gegenwärtigen Krieg, um zu zeigen, dass es weder dem ikonografischen Christus noch dem Christus des heiligen Paulus gelungen ist, die Erlösung der menschlichen Gesellschaft herbeizuführen. Während ich schreibe, sollen die Türken die armenischen Christen in einem beispiellosen Ausmaß massakriert haben; aber Europa ist nicht in der Lage, dagegen vorzugehen; denn ihre Christen ermorden einander mit allen Mitteln, die ihnen die Zivilisation zur Verfügung stellt, ebenso eifrig wie sie die Türken ermorden. Barabbas triumphiert überall; und der letzte Nutzen, den er aus seinem Triumph macht, besteht darin, uns alle mit heroischen Gesten und lauten Lügen in den Selbstmord zu treiben. Nun diejenigen, die, wie ich, die soziale Organisation der Barabbas als gescheitert ansehen und davon überzeugt sind, dass die Lebenskraft (oder wie auch immer Sie sie nennen wollen) durch kein Scheitern endgültig besiegt werden kann und sogar die Menschheit durch die Entwicklung einer höheren Spezies verdrängen wird Wenn wir die Probleme, die sich aus der Vervielfachung unserer eigenen Zahl ergeben, nicht bewältigen können, haben wir immer gewusst, dass Jesus eine echte Botschaft hatte, und die Faszination seines Charakters und seiner Lehre gespürt. Nicht, dass wir heutzutage davon träumen würden, irgendeine übernatürliche Autorität für ihn zu beanspruchen, geschweige denn die technische Autorität, die einem gebildeten modernen Philosophen und Juristen zukommt. Aber wenn wir uns völlig vom Heilschristentum abgewendet und sogar ein Vorurteil gegen Jesus wegen seiner unfreiwilligen Verbindung mit ihm entwickelt haben, beginnen wir mit einem rein wissenschaftlichen Studium der Ökonomie, Kriminologie und Biologie und stellen fest, dass unsere praktischen Schlussfolgerungen richtig sind praktisch denen von Jesus, sind wir ausgesprochen erfreut und ermutigt, festzustellen, dass wir ihm Unrecht getan haben, und dass der Nimbus, der seinen Kopf auf den Bildern umgibt, eines Tages eher als Licht der Wissenschaft denn als Gefühlsbekundung oder als eine Art Interpretation interpretiert werden könnte Etikett des Götzendienstes.

Die Lehren, in denen Jesus auf diese Weise bestätigt wird, sind ungefähr die folgenden:

1. Das Himmelreich ist in dir. Du bist der Sohn Gottes; und Gott ist der Sohn des Menschen. Gott ist ein Geist, den man im Geiste und in der Wahrheit anbetet, und kein älterer Herr, den man entreißen und betteln kann. Wir sind Mitglieder voneinander; damit Sie Ihren Nächsten nicht beleidigen oder ihm helfen können, ohne sich selbst zu verletzen oder ihm zu helfen. Gott ist dein Vater: Du bist hier, um Gottes Werk zu tun; und du und dein Vater seid eins.

2. Befreien Sie sich von Eigentum, indem Sie es in den Stammbestand werfen. Trennen Sie Ihre Arbeit vollständig von Geldzahlungen. Wenn Sie ein Kind verhungern lassen, lassen Sie Gott verhungern. Befreien Sie sich von allen Sorgen um das morgige Abendessen und die Kleidung, denn Sie können nicht zwei Herren dienen: Gott und dem Mammon.

S. Schluss mit Richtern, Strafe und Rache. Liebe deinen Nächsten wie dich selbst, denn er ist ein Teil von dir. Und liebe deine Feinde: Sie sind deine Nachbarn.

4. Befreien Sie sich von Ihren familiären Verstrickungen. Jede Mutter, die du triffst, ist genauso deine Mutter wie die Frau, die dich geboren hat. Jeder Mann, den du triffst, ist genauso dein Bruder wie der Mann, den sie nach dir geboren hat. Verschwenden Sie Ihre Zeit bei Familienbegräbnissen nicht mit der Trauer um Ihre Verwandten: Warten Sie auf das Leben, nicht auf den Tod: Es gibt so gute Fische im Meer wie nie zuvor, und noch bessere. Im Himmelreich, das, wie bereits erwähnt, in Ihnen ist, gibt es keine Ehe und keine Heirat, weil Sie Ihr Leben nicht zwei Gottheiten widmen können: Gott und der Person, mit der Sie verheiratet sind.

Nun, das sind sehr interessante Vorschläge; und sie werden von Tag zu Tag interessanter, da Erfahrung und Wissenschaft uns mehr und mehr dazu veranlassen, sie positiv zu betrachten. Wir werden unsere Zeit verschwenden, wenn wir sie prüfen, es sei denn, wir geben ihnen eine vernünftige Konstruktion. Wir müssen davon ausgehen, dass der Mann, der sich durch eine solche Masse populärer Leidenschaften und Illusionen zurechtgefunden hat, die zwischen uns und dem Sinn für den Wert einer solchen Lehre steht, sich aller Einwände durchaus bewusst war, die einem durchschnittlichen Börsenmakler in den ersten fünf Minuten in den Sinn kommen . Zwar wird die Welt zu einem erheblichen Teil von den Überlegungen bestimmt, die

Börsenmaklern in den ersten fünf Minuten einfallen; Da die Welt aber dadurch so schlecht regiert wird, dass diejenigen, die die Wahrheit kennen, es kaum ertragen können, darin zu leben, stellt der Einwand eines durchschnittlichen Börsenmaklers an sich schon einen Prima-facie-Fall für jede soziale Reform dar.

Die Reduzierung des Christentums auf die moderne Praxis.

Dennoch müssen wir die ethischen Ratschläge und Vorschläge Jesu auf die moderne Praxis übertragen, wenn sie für uns von Nutzen sein sollen. Wenn wir unseren Börsenmakler bitten, einfach so zu handeln, wie Jesus seinen Jüngern geraten hat, wird er völlig zu Recht antworten: „Sie raten mir, ein Landstreicher zu werden." Wenn wir einen reichen Mann dazu drängen, alles, was er hat, zu verkaufen und es den Armen zu geben, wird er uns mitteilen, dass eine solche Aktion unmöglich ist. Wenn er seine Anteile und sein Land verkauft, wird der Käufer all jene Aktivitäten fortsetzen, die die Armen unterdrücken. Wenn alle reichen Männer den Rat gleichzeitig befolgen, fallen die Anteile auf Null und die Ländereien sind unverkäuflich. Wenn ein Mann ausverkauft und das Geld in die Slums wirft, wird das einzige Ergebnis darin bestehen, sich selbst und seine Angehörigen auf die Liste der Armen zu setzen und den Armen nichts Gutes zu tun, außer einigen von ihnen eine Chance auf einen betrunkenen Ausflug zu geben. Wir müssen daher bedenken, dass während der Zeit Jesu und in den Zeitaltern, die nach seinem Tod immer dunkler wurden, bis die Dunkelheit, nach einer kurzen falschen Morgendämmerung in der Reformation und der Wiedergeburt, in der kommerziellen Nacht des Während man im 19. Jahrhundert glaubte, man könne Menschen nicht durch ein Parlamentsgesetz gut machen, wissen wir jetzt, dass man sie nicht auf andere Weise gut machen kann und dass ein Mann, der besser ist als seine Mitmenschen, ein Ärgernis ist. Der reiche Mann muss nicht nur sich selbst, sondern seine ganze Klasse verkaufen; und das kann nur durch den Schatzkanzler geschehen. Der Jünger kann sein Brot nicht ohne Geld haben, bis es Brot für alle ohne Geld gibt; und das erfordert eine ausgefeilte kommunale Organisation der gebührenpflichtigen Lebensmittelversorgung. Mitglieder untereinander zu sein bedeutet: „Ein Mann, eine Stimme" und „Eine Frau, eine Stimme", allgemeines Wahlrecht, gleiche Einkommen und alle möglichen modernen politischen Maßnahmen. Selbst in Syrien konnten seine Lehren zur Zeit Jesu unmöglich durch eine Reihe unabhängiger Explosionen persönlicher Gerechtigkeit seitens der einzelnen Bevölkerungseinheiten verwirklicht werden. Jerusalem hätte nicht tun können, was selbst eine Dorfgemeinschaft nicht tun kann, und was Robinson Crusoe selbst nicht hätte tun können, wenn sein Gewissen und der strenge Zwang der Natur nicht dem halben Dutzend Robinson Crusoes, für das er in seinem Inneren kämpfte, eine gemeinsame Regel auferlegt hätten nicht kompatibel völlig Zufriedenheit. Und was in Jerusalem oder Juan Fernandez nicht möglich ist, kann in London, New York, Paris und Berlin nicht getan werden. Kurz gesagt, das Christentum, ob gut oder schlecht, richtig oder falsch, muss in menschlichen Angelegenheiten zwangsläufig außen vor bleiben, bis es durch komplizierte politische Mittel praktisch auf sie anwendbar gemacht wird; und zu behaupten, dass ein Feldprediger unter der Statthalterschaft von Pontius Pilatus oder sogar Pontius Pilatus selbst im Rat mit der ganzen Weisheit Roms Anwendungen des Christentums oder eines anderen Moralsystems für das 20. Jahrhundert hätte ausarbeiten können, heißt, das auf Eis zu legen viel wirksamer, als es Nero und all seinen anderen Verfolgern jemals gelang. Persönliche Rechtschaffenheit und die Ansicht, dass man die Menschen nicht durch parlamentarische Gesetze moralisch machen kann, ist in der Tat der beliebteste Verteidigungsweg der Menschen, die bewusst oder unbewusst fest entschlossen sind, nicht zuzulassen, dass Jesus oder irgendjemand anders in ihr Eigentum eingreift Reform.

MODERNER KOMMUNISMUS.

Sehen wir uns nun an, was die moderne Erfahrung und die moderne Soziologie zu den hier zusammengefassten Lehren Jesu zu sagen haben. Befreien Sie sich zunächst von Ihrem Eigentum, indem Sie es in die Stammaktie werfen. Man kann die Pharisäer von Jerusalem, Chorazin und Bethsaida sagen hören: „Mein Guter, wenn du heute den Reichtum Judäas gleichmäßig aufteilen würdest, gäbe es noch vor Jahresende Reiche und Arme, Armut und Wohlstand gleichermaßen.“ Sie haben heute; denn es wird immer die Müßigen und Fleißigen, die Sparsamen und die Verschwenderischen, die Betrunkenen und die Nüchternen geben; und wie Sie selbst sehr richtig bemerkt haben, werden wir die Armen immer bei uns haben.“ Und wir können die Antwort hören: „Wehe euch, Lügner und Heuchler; denn ihr habt noch heute den Reichtum des Landes selbst aufgeteilt, wie es jeden Tag getan werden muss (für den lebenden Menschen nicht anders als von der Hand in den Mund) . Fische und Eier können für immer bestehen bleiben); und ihr habt es ungerecht geteilt; ihr habt auch gesagt, dass mein Vorwurf an euch, dass ihr die Armen immer bei euch hattet, ein Gesetz für euch sei, dass dieses Übel in der Nase Gottes fortbestehen und stinken solle alle Ewigkeit; deshalb denke ich, dass Lazarus dich noch neben Dives in der Hölle sehen wird. Der moderne Kapitalismus hat mit den primitiven Forderungen nach Ungleichheit kurzen Prozess gemacht. Die Pharisäer selbst haben den Kommunismus im Kapital organisiert. Aktienaktien sind an der Tagesordnung. Ein Versuch, zu individuellen Besitztümern als Grundlage unserer Produktion zurückzukehren, würde die

Zivilisation völliger zerschlagen als zehn Revolutionen. Die Felder können heute erst bestellt werden, wenn der Bauer Genossenschafter wird. Nehmen Sie den Aktionär mit zu seiner Eisenbahn und bitten Sie ihn, Ihnen die besondere Länge der Schiene, den besonderen Sitz im Eisenbahnwaggon, den besonderen Hebel in der Lokomotive zu zeigen, der ihm gehört und niemand anderem gehört; und er wird dich wie einen Verrückten meiden, sehr weise. Und wenn Sie, wie Ananias und Sapphira, versuchen, Ihren kleinen Laden oder was auch immer von den Stammaktien, vertreten durch den Trust, oder Combine oder Kartel , zurückzuhalten, wird der Trust Sie augenblicklich einfrieren und einbinden und Sie schließlich schlagen industriell ebenso gründlich tot wie St. Peter selbst. Für den Kommunismus in der Produktion gibt es keine praktische Frage mehr: Der Kampf dreht sich heute um die Verteilung des Produkts, das heißt um die tägliche Aufteilung, die die erste Notwendigkeit der organisierten Gesellschaft darstellt.

UMVERTEILUNG.

Jetzt braucht es keinen Christus mehr, um heute irgendjemanden davon zu überzeugen, dass unser Verteilungssystem völlig und ungeheuerlich falsch ist. Wir haben Millionen-Dollar- Babys Seite an Seite mit Armen, die durch ein langes Leben unermüdlicher Plackerei erschöpft sind. Jeder fünfte Mensch stirbt in einem Arbeitshaus, einem öffentlichen Krankenhaus oder einem Irrenhaus. In Städten wie London beträgt der Anteil fast eins zu zwei. Natürlich muss eine so ungeheuerliche Verteilung durch reine und einfache Gewalt erfolgen . Wenn du bleibst, bist du verkauft. Wer sich dem Ausverkauf widersetzt, wird erschlagen und eingesperrt, wobei dieser Vorgang beschönigend als Aufrechterhaltung von Recht und Ordnung bezeichnet wird. Die Ungerechtigkeit kann nicht weitergehen. Zu diesem Zeitpunkt verteidigt niemand, der die Verteilungszahlen kennt, sie. Der bigotteste britische Konservative zögert zu sagen, dass sein König viel ärmer sein sollte als Herr Rockefeller, oder die moralische Überlegenheit der Prostitution gegenüber Handarbeiten mit der Begründung zu verkünden, dass sie besser lohne. Die Notwendigkeit einer drastischen Umverteilung des Einkommens in allen zivilisierten Ländern ist mittlerweile ebenso offensichtlich und allgemein anerkannt wie die Notwendigkeit einer sanitären Versorgung.

Soll der, der macht, besitzen.

Wenn wir uns mit der Frage befassen, in welchem Verhältnis wir umverteilen sollen, beginnt die Kontroverse. Wir sind verwirrt über die absurd unpraktische Vorstellung, dass das Einkommen eines Mannes in irgendeiner Weise ihm gegeben werden sollte, nicht um ihm den Lebensunterhalt zu ermöglichen, sondern als eine Art Sonntagsschulpreis für gutes Benehmen. Und diese Torheit wird durch den weniger lächerlichen, aber ebenso unpraktischen Glauben verkompliziert, dass es möglich sei, jeder Person den genauen Anteil des Nationaleinkommens zuzuordnen, den sie oder er erwirtschaftet hat. Für ein Kind scheint es, dass der Schmied ein Hufeisen gemacht hat und dass das Hufeisen daher ihm gehört. Aber der Schmied weiß, dass das Hufeisen nicht nur ihm gehört , sondern seinem Grundbesitzer, dem Steuer- und Steuereintreiber , den Männern, von denen er das Eisen, den Amboss und die Kohlen gekauft hat und von dem nur ein Bruchteil seines Wertes übrig geblieben ist für ihn selbst; und diesen Abfall muss er mit dem Metzger und Bäcker und dem Tuchmacher gegen die Dinge eintauschen, die er sich wirklich als lebendes Gewebe oder dessen Umhüllung aneignet, wobei er für sie alle mehr bezahlt, als sie kosten; denn diese seiner Handelskollegen haben auch ihre Grundbesitzer und Geldverleiher zu befriedigen. Wenn sich also solche einfachen und direkten dörflichen Beispiele scheinbar individueller Produktion auf den ersten Blick als Produkte einer ausgefeilten sozialen Organisation herausstellen, was soll man dann von solchen Produkten wie Dreadnoughts, fabrikgefertigten Nadeln und Stahl sagen? denken? Wenn Gott das Dreadnought in eine Hand und einen Stahlstift in die andere Hand nimmt und Hiob fragt, wer sie gemacht hat und wem sie laut Herstellerrecht gehören sollten, muss sich Hiob mit einem Topfhirten am verwirrten Kopf kratzen und stumm sein, es sei denn, es schlägt tatsächlich zu ihm, dass Gott der ultimative Schöpfer ist und dass wir mit dem Produkt nur das Recht haben, seine Lämmer zu füttern.

ARBEITSZEIT.

Das Herstellerrecht als Alternative zum Befolgen des Ratschlags Jesu würde also nicht funktionieren . In der Praxis war in dieser Richtung nichts anderes möglich, als einem Arbeiter eine Stunde, einen Tag, eine Woche oder ein Jahr durch Arbeitszeit zu bezahlen. Aber wieviel? Als diese Frage aufkam, lautete die einzige Antwort „so wenig, wie er durch Aushungern akzeptieren kann“, mit den bereits erwähnten lächerlichen Ergebnissen und der zusätzlichen Besonderheit, dass der größte Anteil an die Leute ging, die überhaupt nicht arbeiteten, und die am wenigsten für diejenigen, die am härtesten gearbeitet haben. In England fließen neun Zehntel des Reichtums in die Taschen von einem Zehntel der Bevölkerung.

Der Traum von der Verteilung nach Leistung.

Dagegen steht der Protest der Sonntagsschultheoretiker: „Warum nicht nach Verdienst verteilen?“ Hier stellt man sich Jesus vor, dessen Lächeln im Laufe der Jahrhunderte immer breiter wurde, während ein Versuch nach dem anderen, seiner Lehre zu entkommen, zu immer tieferen Katastrophen führte, und der regelrecht lacht. Wurde jemals ein so idiotisches Projekt diskutiert wie die Bewertung der Tugend im Geld? Wir müssen davon ausgehen, dass die London School of Economics Prüfungsarbeiten mit Fragen wie „Wenn man den Geldwert der Tugenden Jesu mit 100 und des Judas Iskariot mit Null annimmt, geben Sie die korrekten Zahlen für Pontius Pilatus an.“ , der Besitzer der Gadarene-Schweine, die Witwe, die ihr Scherflein in die Armenkasse gesteckt hat, Mr. Horatio Bottomley, Shakespear , Mr. Jack Johnson, Sir Isaac Newton, Palestrina, Offenbach, Sir Thomas Lipton, Mr. Paul Cinquevalli , Ihr Hausärztin, Florence Nightingale, Mrs. Siddons, Ihre Putzfrau, der Erzbischof von Canterbury und der gemeine Henker.“ Oder „Der verstorbene Herr Barney Barnato erhielt als rechtmäßiges Einkommen dreitausendmal so viel Geld wie ein englischer Landarbeiter mit gutem allgemeinen Charakter. Nennen Sie die Haupttugenden, in denen Herr Barnato den Arbeiter um das Dreitausendfache übertraf, und geben Sie den Verlust in Zahlen an.“ durch die Zivilisation gestützt, als Herr Barnato durch die Reduzierung seines Vielfachen auf eintausend in die Verzweiflung und in den Selbstmord getrieben wurde.“ Die Idee der Sonntagsschule mit ihrem Grundsatz „Jedem das Einkommen geben, das er verdient“ ist wirklich zu albern, um darüber diskutiert zu werden. Hamlet hat es vor dreihundert Jahren entsorgt. „Benutze jeden nach dem, was er verdient, und wer soll der Auspeitschung entgehen?“ Jesus bleibt als praktischer Mann unerschütterlich; und wir entlarven uns als die Narren, die Schnitzer, die unpraktischen Visionäre. In dem Moment, in dem Sie versuchen, die Idee der Sonntagsschule auf Zahlen zu reduzieren, werden Sie feststellen, dass sie Sie zu dem hoffnungslosen Plan zurückführt, für die Zeit eines Mannes zu bezahlen; und Ihre Prüfungsarbeit wird lauten: „Die Zeit Jesu war nichts wert (er beklagte sich darüber, dass die Füchse Löcher hatten und die Vögel der Lüfte nisten, während er keinen Ort hatte, an dem er seinen Kopf hinlegen konnte). Dr. Crippens Zeit war beispielsweise wert: dreihundertfünfzig Pfund im Jahr. Kritisieren Sie diese Regelung; und wenn Sie ihre Gerechtigkeit bestreiten, geben Sie in Pfund, Dollar, Franken und Mark an, wie hoch ihr relativer Zeitlohn hätte sein sollen.“ Ihre Antwort könnte sein, dass die Frage äußerst geschmacklos ist und Sie es ablehnen, sie zu beantworten. Aber Sie können nichts dagegen haben, wenn man Sie fragt, wie viele Minuten der Zeit eines Buchmachers zwei Stunden der Zeit eines Astronomen wert sind ?

WICHTIGE VERTEILUNG.

Am Ende ist man gezwungen, die Frage zu stellen, die man am Anfang hätte stellen sollen. Wofür gibt man einem Mann ein Einkommen? Offensichtlich, um ihn am Leben zu halten. Da es offensichtlich ist, dass die erste Bedingung, unter der er am Leben gehalten werden kann, ohne jemand anderen zu versklaven, darin besteht, dass er ein Äquivalent zu den Kosten produziert, die es kostet, ihn am Leben zu erhalten, können wir ihn ganz rational dazu zwingen, mit allen von uns eingesetzten Mitteln vom Müßiggang Abstand zu nehmen ihn zu zwingen, von Mord, Brandstiftung, Urkundenfälschung oder anderen Straftaten Abstand zu nehmen. Das einzig äußerst Dumme, was man mit ihm machen kann, ist, nichts zu tun; das heißt, im Umgang mit ihm genauso untätig, faul und herzlos zu sein wie er im Umgang mit uns. Selbst wenn wir ihm Arbeit zur Verfügung stellen würden, anstatt, wie wir es tun, unser gesamtes Industriesystem auf aufeinanderfolgenden Konkurrenzwellen der Überarbeitung und den darauffolgenden Tiefpunkten der Arbeitslosigkeit zu stützen, sollten wir ihm dennoch strikt die Alternative verweigern, dies nicht zu tun; denn die Folge muss sein, dass er arm wird und seine Kinder arm macht, wenn er welche hat; und arme Menschen sind im Gemeinwesen Krebsgeschwüre, die viel mehr kosten, als wenn sie als Unheilbare großzügig in den Ruhestand geschickt würden. Jesus hatte mehr Verstand, als etwas Derartiges vorzuschlagen. Im Grunde sagte er zu seinen Jüngern: „Tun Sie Ihre Arbeit aus Liebe, und lassen Sie die anderen Menschen aus Liebe wohnen und Sie ernähren und kleiden." Oder, wie wir es heute sagen würden: „für nichts". Alle menschlichen Erfahrungen und alle natürlichen, nicht kommerzialisierten menschlichen Bestrebungen weisen darauf hin, dass dies der richtige Weg ist. Die Griechen sagten: „Sichern Sie sich zuerst ein unabhängiges Einkommen und praktizieren Sie dann Tugend." Wir alle streben nach einem unabhängigen Einkommen. Wir alle wissen so gut wie Jesus, dass es uns unmöglich sein wird, an edlere Dinge zu denken oder ein höheres Leben als das eines zu führen, wenn wir uns für den nächsten Tag Gedanken darüber machen müssen, ob es etwas zu essen oder zu trinken gibt Maulwurf, dessen Leben vom Anfang bis zum Ende ein hektisches Streben nach Nahrung ist. Solange die Gemeinschaft nicht so organisiert ist, dass die Angst vor körperlicher Not ebenso vollständig vergessen wird wie die Angst vor Wölfen in zivilisierten Hauptstädten bereits, werden wir niemals ein anständiges soziales Leben haben. Tatsächlich liegt der ganze Reiz unserer gegenwärtigen Arrangements darin, dass sie einer Handvoll von uns diese

Angst nehmen; Aber da die Linderung auf dumme und bösartige Weise dadurch bewirkt wird, dass die bevorzugte Handvoll den Rest parasitiert, werden sie mit der Degeneration belastet, die die unvermeidliche biologische Strafe für völligen Parasitismus zu sein scheint und Kultur und Staatskunst korrumpiert, anstatt zu ihrem Übermaß beizutragen Freizeit sei ebenso schädlich wie die übermäßige Arbeit der Arbeiter. Die Moral ist jedenfalls klar. Die beiden Hauptprobleme der organisierten Gesellschaft, nämlich die Sicherung des Lebensunterhalts aller ihrer Mitglieder und die Verhinderung des Diebstahls dieses Lebensunterhalts durch Müßiggänger, sollten völlig voneinander getrennt werden. und das praktische Versagen eines von ihnen, automatisch zu erreichen, dass der andere erkannt und gehandelt hat. Wir verfügen möglicherweise nicht alle über die psychologische Fähigkeit Jesu, zu erkennen, dass sie scheitern müssen, wenn wir nicht durch modernere Wirtschaftsphänomene aufgeklärt werden. Aber wir stehen vor der harten Tatsache, dass sie scheitern. Die einzigen Menschen, die an der trägen Illusion festhalten, dass es möglich sei, eine gerechte Verteilung zu finden, die automatisch funktioniert, sind diejenigen, die eine revolutionäre Veränderung wie die Verstaatlichung von Land postulieren, die allein offensichtlich das Problem der Verteilung der Güter nur noch dringlicher machen würde Produkt des Landes unter allen Individuen in der Gemeinschaft.

GLEICHMÄSSIGE VERTEILUNG.

Wenn man sich diesem Problem endlich stellt, kann es auf die Frage nach dem Verhältnis, in dem das Volkseinkommen verteilt werden soll, nur eine Antwort geben. Alle unsere Anteile müssen gleich sein. Das war schon immer so; es wird immer so sein. Es stimmt, dass die Einkommen von Räubern von Person zu Person sehr unterschiedlich sind; und die Variation spiegelt sich in den Einkommen ihrer Parasiten wider. Die Kommerzialisierung bestimmter außergewöhnlicher Talente hat auch zu außergewöhnlichen direkten und abgeleiteten Einnahmen geführt. Personen, die von Land- und Kapitalrente leben, gehören wirtschaftlich, wenn auch nicht rechtlich, zur Kategorie der Räuber und haben grotesk unterschiedliche Einkommen. Aber in der großen Masse der Menschheit ist die Variation des Einkommens von Individuum zu Individuum unbekannt, weil sie lächerlich undurchführbar ist. Als Mittel, um einen Zimmermann davon zu überzeugen, dass ein Richter ein Geschöpf ist, dessen Natur ihm überlegen ist und dem man sich sogar bis zum Tod unterordnen muss, können wir einem Zimmermann hundert Pfund pro Jahr und einem Richter fünftausend Pfund geben; aber der Lohn eines Zimmermanns ist der Lohn aller Zimmerleute; der Lohn eines Richters ist der Lohn aller Richter.

DER KAPITÄN UND DER KABINENJUNGE.

Daher ist nichts wirklich fraglich oder war es jemals außer den Unterschieden zwischen den Klasseneinkommen. Es gibt bereits wirtschaftliche Gleichheit zwischen Kapitänen und wirtschaftliche Gleichheit zwischen Schiffsjungen. Es geht immer noch um die Frage, ob es eine wirtschaftliche Gleichstellung zwischen Kapitänen und Schiffsjungen geben soll. Was hätte Jesus gesagt? Vermutlich hätte er gesagt, wenn Ihr einziges Ziel darin besteht, einen Kapitän und einen Schiffsjungen zu mobilisieren, um Sie von Liverpool nach New York zu versetzen, oder eine Flotte zu manövrieren und Pulver vom Magazin zur Waffe zu transportieren, dann müssen Sie etwas geben nicht mehr als einen Schilling für den Schiffsjungen für jedes Pfund, das Sie dem teurer ausgebildeten Kapitän geben. Aber wenn Sie darüber hinaus den beiden menschlichen Seelen, die untrennbar mit dem Kapitän und dem Schiffsjungen verbunden sind und die sie allein von der Eselslokomotive unterscheiden, erlauben möchten, alle ihre Möglichkeiten zu entfalten, dann wird Ihnen der Schiffsjunge vielleicht teuer zu stehen kommen eher als der Kapitän, weil die Arbeit des Schiffsjungen nicht so viel für die Seele tut wie die Arbeit des Kapitäns. Folglich müssen Sie ihm mindestens so viel geben wie dem Kapitän, es sei denn, Sie möchten unbedingt, dass er ein niedereres Geschöpf ist. In diesem Fall ist es umso besser, je früher Sie als Abtreiber gehängt werden. Das ist das grundlegende Argument.

Die politischen und biologischen Einwände gegen Ungleichheit.

Aber es gibt noch andere Gründe, Einwände gegen die Klassenschichtung des Einkommens zu erheben, die sich seit der Zeit Jesu verbessert haben. In der Politik besiegt sie jede Regierungsform außer der einer zwangsläufig korrupten Oligarchie. Die Demokratie in den demokratischsten modernen Republiken, zum Beispiel in Frankreich und den Vereinigten Staaten, ist eine Lüge und eine Täuschung. Es reduziert Gerechtigkeit und Gesetz auf eine Farce: Das Gesetz wird lediglich zu einem Instrument, um die Armen unterwürfig zu halten; und beschuldigte Arbeiter werden nicht von einer Jury ihrer Kollegen, sondern von Verschwörungen ihrer Ausbeuter vor Gericht gestellt. Die Presse ist die Presse der Reichen und der Fluch der Armen: Es wird gefährlich, Männern das Lesen beizubringen. Der Priester wird zum bloßen Komplementär des Polizisten in der Maschinerie, mit der das Landhaus das Dorf unterdrückt. Am schlimmsten ist, dass die Ehe zu einer Klassenangelegenheit wird: Die unendliche Vielfalt an Wahlmöglichkeiten, die die Natur jungen Menschen auf der Suche nach einem Partner bietet, wird auf eine Handvoll Personen mit ähnlichem Einkommen beschränkt; und Schönheit und Gesundheit werden zu Träumen von Künstlern und zur Werbung von Quacksalbern statt zu normalen Lebensbedingungen. Die Gesellschaft ist durch die Einkommensungleichheit zwischen den Klassen nicht nur gespalten, sondern sogar in alle Richtungen zerstört: Diese Stabilität ist auf die riesigen Gruppen von Menschen zurückzuführen, zwischen denen Einkommensgleichheit herrscht.

JESUS ALS ÖKONOM.

Es scheint daher, dass wir damit beginnen müssen, das Recht auf ein Einkommen als heilig und gleich zu betrachten, so wie wir jetzt damit beginnen, das Recht auf Leben als heilig und gleich zu betrachten. Tatsächlich ist das eine Recht nur eine Wiederholung des anderen. Es ist idiotisch, mich aufzuhängen, weil ich einem Hafenarbeiter die Kehle durchgeschnitten habe, nachdem man sich über mich lustig gemacht hat, weil ich ihn verhungern ließ, wenn ich nicht gerade ein Schiff habe, das er entladen kann; Denn da er mit durchgeschnittener Kehle weitaus weniger Unheil anrichtet als wenn er hungert, würde eine rationale Gesellschaft den Halsabschneider höher schätzen als den Kapitalisten. Die Sache ist so offensichtlich und das Übel so unerträglich geworden, dass wir unsere Gesellschaft so organisieren müssen, dass wir es jedem Menschen sagen können, wenn unser Zivilisationsversuch nicht wie alle vorherigen untergehen soll das Land: „Denke nicht darüber nach, was wir essen sollen? oder was sollen wir trinken? oder womit sollen wir bekleidet sein?" Dann wird es bei uns keine Menschenrasse mehr geben, deren Herz in der Tasche, im Tresor und bei der Bank steckt. Wie Jesus sagte: Wo dein Schatz ist, da wird auch dein Herz sein. Aus diesem Grund empfahl er, dass Geld kein Schatz mehr sein sollte und dass wir Maßnahmen ergreifen sollten, um völlig rücksichtslos damit umzugehen und unseren Geist für höhere Zwecke freizugeben. Mit anderen Worten, wir sollten alle Gentlemen sein und uns um unser Land kümmern, denn unser Land kümmert sich um uns, und nicht um die kommerzialisierten Trottel, die wir sind, die alles und jedes für Geld tun und unsere Seelen und Körper in Pfund und Stück verkaufen Zoll, nachdem ich den halben Tag damit verschwendet hatte, um den Preis zu feilschen. Unabhängig davon, ob Sie glauben, dass Jesus Gott war oder nicht, müssen Sie zugeben, dass er ein erstklassiger politischer Ökonom war.

JESUS ALS BIOLOGE.

Er war auch, wie wir jetzt sehen, ein erstklassiger Biologe. Es brauchte anderthalb Jahrhunderte Evolutionsprediger, von Buffon und Goethe bis Butler und Bergson, um uns davon zu überzeugen, dass wir und unser Vater eins sind; Da das Himmelreich in uns ist, brauchen wir nicht herumzusuchen und zu schreien: „Seht hier!“ und siehe da!; dass Gott in der Familienbibel kein Bild einer pompösen Person in weißen Gewändern ist, sondern ein Geist; dass wir uns durch diesen Geist zu größerer Lebensfülle entwickeln; dass wir die Lampen sind, in denen das Licht der Welt brennt; dass wir in Kohorte Götter sind, obwohl wir wie Menschen sterben. All das ist heute gesunde Biologie und Psychologie; und die Bemühungen von Anhängern der natürlichen Selektion wie Weismann, die Evolution auf bloßen Automatismus zu reduzieren, haben die Lehre Jesu nicht berührt, obwohl sie kurzen Prozess mit den Theologen gemacht haben, die sich Gott als einen Magnaten vorstellten, der Menschen und Engel hütet, so wie Lord Rothschild in Tring Büffel und Emus hält .

GELD, DIE HEBAMME DES WISSENSCHAFTLICHEN KOMMUNISMUS.

Hier könnte sich ein einfältiger Leser fragen, warum wir nicht auf den rohen Kommunismus zurückgreifen sollten, wie es den Jüngern gesagt wurde. Dies wäre in einem Dorf, in dem die Produktion auf die Befriedigung der primitiven Bedürfnisse beschränkt wäre, die die Natur allen Menschen gleichermaßen auferlegt, durchaus praktikabel. Wir wissen, dass die Menschen Brot und Stiefel brauchen, ohne darauf zu warten, dass sie kommen, um diese Dinge bitten und anbieten, dafür zu bezahlen. Aber wenn die Zivilisation so weit fortgeschritten ist, dass Artikel hergestellt werden, die kein Mensch unbedingt braucht und die nur einige Menschen mögen oder nutzen können, ist es notwendig, dass der Einzelne in der Lage ist, Dinge nach seinen Wünschen und auf eigene Kosten herstellen zu lassen. Es ist sicher, Brot für alle bereitzustellen, weil jeder Brot will und isst; aber es wäre absurd, Mikroskope und Posaunen, Haustierschlangen und Poloschläger, Destillierkolben und Reagenzgläser für alle bereitzustellen, da neun Zehntel davon verschwendet würden; und die neun Zehntel der Bevölkerung, die solche Dinge nicht nutzen, würden dagegen sein, dass sie überhaupt bereitgestellt werden. Mit dem unschätzbar wertvollen Instrument namens Geld verfügen wir über ein Mittel, das es jedem Einzelnen ermöglicht, die besonderen Dinge zu bestellen und zu bezahlen, die er sich wünscht, über die Dinge hinaus, die er konsumieren muss, um am Leben zu bleiben, sowie über die Dinge, die der Staat von ihm verlangt, ob er sie besitzt und nutzt er will oder nicht; zum Beispiel Kleidung, sanitäre Einrichtungen, Armeen und Marinen. In großen Gemeinden, in denen sich selbst die exzentrischsten

Forderungen nach Industrieartikeln so weit ausgleichen, bis sie innerhalb einer vernachlässigbaren Fehlertoleranz vorhersehbar sind, wird der direkte Kommunismus (Nimm dir, was du willst, ohne Bezahlung, wie es die Leute in Morris' „News From Nowhere" tun) nach ein wenig Erfahrung nicht nur praktikabel, sondern auch äußerst wirtschaftlich in einem Ausmaß sein, das heute unmöglich erscheint. Die Sportler, die Musiker, die Physiker, die Biologen werden ihre Apparaturen ebenso leicht bekommen wie ihr Brot oder, wie jetzt, ihre Pflaster, Straßenbeleuchtung und Brücken; und der Gehörlose wird nichts dagegen haben, zu den Gemeinschaftsflöten beizutragen, wenn der Musiker zu den Gemeinschaftshörrohren beitragen muss. Es gibt Fälle (z. B. Radium), in denen die Nachfrage auf eine Handvoll Laborarbeiter beschränkt sein kann und in denen dennoch die gesamte Gemeinschaft zahlen muss, weil der Preis die Mittel eines einzelnen Arbeiters übersteigt. Aber selbst wenn den Ausweitungen des Kommunismus, die jetzt märchenhaft erscheinen, maximal Rechnung getragen wird, wird es noch lange Zeit Angebots- und Nachfrageregionen geben, in denen die Menschen Geld oder individuelle Kredite benötigen und verwenden werden und für die daher Sie müssen über ein individuelles Einkommen verfügen. Auslandsreisen sind ein offensichtliches Beispiel. Wir sind noch so weit von einem nationalen Kommunismus entfernt, dass wir wahrscheinlich erhebliche Entwicklungen des lokalen Kommunismus erleben werden, bevor es einem Mann aus Manchester möglich wird, für einen Tag nach London zu fahren, ohne Geld mitzunehmen. Die moderne praktische Form des Kommunismus Jesu ist daher vorerst die gleichmäßige Verteilung des Überschusses des Volkseinkommens, der nicht vom einfachen Kommunismus absorbiert wird.

URTEILE NICHT.

Im Umgang mit Kriminalität und Familie haben moderne Gedanken und Erfahrungen kein neues Licht auf die Ansichten Jesu geworfen. Als Swift Gelegenheit hatte, die Korruption unserer Zivilisation zu veranschaulichen, indem er einen Katalog der Arten von Schurken erstellte, die sie hervorbrachte, räumte er den Richtern immer einen herausragenden Platz neben denen ein, die sie richteten. Und er scheint dies nicht als Wiederholung der Lehre Jesu getan zu haben, sondern als Ergebnis seiner eigenen Beobachtung und seines eigenen Urteils. In einer von Herrn Gilbert Chestertons Geschichten handelt es sich um einen Richter, der während der Verhandlung eines Strafverfahrens von der Absurdität seiner Position und der Bosheit der Dinge, zu denen sie ihn zwingt, so überwältigt ist, dass er das Hermelin hin und her wirft Dann geht er in die Welt hinaus, um das Leben eines ehrlichen Mannes statt des eines grausamen Idols zu führen. Es gab auch eine Propaganda einer seelenlosen Dummheit namens Determinismus, die den Menschen als ein totes Objekt darstellt, das von seiner Umgebung, seinen Vorgeschichten, Umständen usw. hin und her getrieben wird, was uns jedoch daran erinnert, dass es Grenzen für die Anzahl der Würfel gibt dass ein einzelner Mensch seine Statur moralisch oder körperlich steigern kann und dass es sowohl dumm als auch grausam ist, einen 1,50 m großen Mann zu quälen, weil er nicht in der Lage ist, Früchte zu pflücken, die für Männer durchschnittlicher Größe erreichbar sind. Ich habe einen Fall erlebt, in dem ein unglückliches Kind geschlagen wurde, weil es die Zeit nicht erkennen konnte, nachdem es eine ausführliche Erklärung über die Zahlen auf dem Zifferblatt einer Uhr erhalten hatte, weil es kurzsichtig war und sie nicht sehen konnte. Dies ist ein typisches Beispiel für die Absurditäten und Grausamkeiten, in die uns die Gegendummheit zum Determinismus führt: die Lehre vom freien Willen. Die Vorstellung, dass Menschen gut sein können, wenn sie wollen, und dass man ihnen einen mächtigen zusätzlichen Antrieb zum Guten geben sollte, indem man sie quält, wenn sie Böses tun, würde schnell ad absurdum geführt, wenn ihre Anwendung nicht innerhalb der von der Natur gesetzten Grenzen gehalten würde die Selbstbeherrschung der meisten von uns. Niemand geht davon aus, dass ein Mann ohne Gehör für Musik oder ohne mathematische Fähigkeiten unter Todesstrafe, wie grausam sie auch sein mag, gezwungen werden könnte, alle Themen von Beethovens Sinfonien zu summen oder Newtons Werk über Fluxionen zu vollenden.

AUF DEN FREIEN WILLEN BESCHRÄNKT.

Den Folgen unserer Gesetze, die nicht nur die Einschüchterungen sind, mit denen Tyranneien unter dem Vorwand des Gesetzes aufrechterhalten werden, kann durch die Ausübung eines ganz normalen Maßes an Denkkraft und Selbstbeherrschung Folge geleistet werden. Die meisten Männer und Frauen können die alltäglichen Ärgernisse und Enttäuschungen des Lebens ertragen, ohne mörderische Übergriffe zu begehen. Sie kommen daher zu dem Schluss, dass jede Person solche Angriffe unterlassen kann, wenn sie möchte, und ihre Selbstbeherrschung durch die Androhung schwerer Strafen stärken kann. Aber darin irren sie sich. Es gibt Menschen, von denen einige über beträchtliche geistige und körperliche Kräfte verfügen, die die Wut, die ein kleines Missgeschick in sie stürzt, ebenso wenig zurückhalten können, wie ein Hund sich davor zurückhalten kann, zu schnappen, wenn er plötzlich und schmerzhaft eingeklemmt wird. Bei einem Streit um einen Esstisch bewerfen sich Menschen mit Messern und brennenden Petroleumlampen. Männer, die mehrere lange Haftstrafen wegen mörderischer Übergriffe erlitten haben, werden noch am Tag nach ihrer Freilassung auf ein irritierendes Wort hin ihre Frauen sechzehnfachen und sie unter Gitter werfen. Wir haben nicht nur Menschen, die einer Gelegenheit zum Stehlen nicht widerstehen können, um ihre Bedürfnisse zu befriedigen, sondern auch Menschen, die eine besondere Manie zum Stehlen haben und dies tun, wenn sie die Dinge, die sie stehlen, nicht brauchen. Einbruch fasziniert manche Männer, so wie das Segeln manche Jungen fasziniert. Wie viele gibt es unter den angesehenen Menschen, die sich durch die Warnungen ihrer Ärzte und die Lehren der Erfahrung davon abhalten lassen, mehr zu essen und zu trinken, als ihnen gut tut? Es ist wahr, dass es zwischen selbstbeherrschten Menschen und unregierbaren Menschen nur einen schmalen Grat an moralischen Simulanten gibt, die durch die Angst vor Konsequenzen dazu gebracht werden können, sich zu benehmen; Aber es lohnt sich nicht, zum Wohle dieser Randfälle ein abscheuliches System böswilliger, vorsätzlicher, kostspieliger und erniedrigender Misshandlung von Kriminellen aufrechtzuerhalten. Für den praktischen Umgang mit Kriminalität ist Determinismus oder Prädestination eine recht gute Arbeitsregel. Menschen, deren Selbstbeherrschung für soziale Zwecke nicht ausreicht, können getötet oder in Anstalten festgehalten werden, um ihren Zustand zu untersuchen und festzustellen, ob er heilbar ist. Sie zu quälen und uns auf ihre Kosten tugendhaft aufzuführen, ist lächerlich und barbarisch; und der Wunsch, es zu tun, ist rachsüchtig und grausam. Und obwohl Rachsucht und Grausamkeit zumindest menschliche Eigenschaften sind, wenn sie offen verkündet und gelebt werden, sind sie abscheulich, wenn sie das Gewand der Gerechtigkeit annehmen. Ich nehme an, das ist der Grund, warum Isabella von Shakespear Richter Angelo so schlecht behandelt hat und warum Swift den heißesten Winkel seiner Hölle den Richtern vorbehalten hat. Und natürlich auch, warum Jesus sagte: „Richte nicht, damit du nicht gerichtet wirst“ und „Wer meine Worte hört und nicht glaubt, den richte ich nicht“, weil „er einen hat, der ihn richtet “: nämlich den Vater, der ist eins mit ihm.

Wenn wir ausgeraubt werden , berufen wir uns im Allgemeinen auf das Strafrecht, ohne zu bedenken, dass wir nicht hätten ausgeraubt werden dürfen, wenn das Strafrecht wirksam wäre. Das überführt uns der Rache.

Ich brauche das Argument nicht weiter auszuführen. Ich habe mich an anderer Stelle ausreichend damit beschäftigt. Ich muss nur darauf hinweisen, dass wir urteilen und bestrafen, seit Jesus uns gesagt hat, wir sollten es nicht tun; Und ich fordere jeden auf, der überzeugende Argumente für die Annahme vorbringen kann, dass die Welt besser gewesen wäre, als sie gewesen wäre, wenn es die ganze Zeit über nie einen Richter, ein Gefängnis oder einen Galgen gegeben hätte . Wir haben einfach das Elend der Bestrafung zum Elend des Verbrechens hinzugefügt und die Grausamkeit des Richters zur Grausamkeit des Verbrechers. Wir haben den bösen Mann genommen und ihn durch Folter und Erniedrigung schlimmer gemacht, wobei wir uns dabei ganz nebenbei noch schlimmer gemacht haben. Es scheint nicht sehr empfindlich zu sein, oder? Es wäre weitaus einfacher gewesen, ihn so freundlich wie möglich zu töten oder ihn zu etikettieren und seinem Gewissen zu überlassen oder ihn wie einen Invaliden oder einen Wahnsinnigen zu behandeln, wie er jetzt behandelt wird (das ist übrigens erst in den letzten Jahren so weit gekommen). dass Verrückte von der Peitsche, der Kette und dem Käfig befreit wurden; und ich vermute, dass dies die Form ist, in der die Lehre Jesu in die Praxis hätte umgesetzt werden können.)

JESUS ÜBER EHE UND FAMILIE.

Wenn wir uns mit der Ehe und der Familie befassen, stellen wir fest, dass Jesus gegen die individuelle Aneignung von Menschen, die das Wesen der Ehe ausmacht, den gleichen Einwand erhebt wie gegen die individuelle Aneignung von Reichtum. Ein verheirateter Mann, sagte er, werde versuchen, seiner Frau zu gefallen, und eine verheiratete Frau, ihrem Mann zu gefallen, anstatt das Werk Gottes zu tun. Dies ist eine andere Version von „Wo dein Schatz ist, da wird auch dein Herz sein." Achtzehnhundert Jahre später finden wir eine ganz andere Person als Jesus, nämlich Talleyrand, der dasselbe sagt. Ein verheirateter Mann mit Familie, sagte Talleyrand, würde für Geld alles tun. Obwohl dies keine wissenschaftlich präzise Aussage ist, ist sie doch wahr genug, um einen moralischen Einwand gegen die Ehe darzustellen. Solange ein Mann das Recht hat, sein Leben oder seinen Lebensunterhalt für seine Ideen zu riskieren , braucht er nur Mut und Überzeugung, um seine Integrität unangreifbar zu machen. Aber dieses Recht verliert er, wenn er heiratet. Es bedurfte einer Revolution, um Wagner von seiner Anstellung am Hof in Dresden zu retten; und seine Frau verzieh ihm nie, dass er froh war und sich frei fühlte, als er sie verlor und sie zurück in die Armut stürzte. Millet hätte vielleicht bis zum Ende seines Lebens damit fortfahren können, kochende Akte zu malen, wenn seine Frau nicht selbst eine heldenhafte Rolle gespielt hätte. Um ihrer Kinder und Eltern willen unterwerfen sich Frauen der Sklaverei und Prostitution, die keine alleinstehende Frau ertragen würde.

Dies war der Anfang und das Ende des Einspruchs Jesu gegen Ehe und familiäre Bindungen und die Erklärung seiner Vorstellung vom Himmel als einem Ort, an dem es weder Heiraten noch Heiraten geben sollte. Nun gibt es keinen Grund anzunehmen, dass er es nicht so gemeint hat, als er das sagte. Er schlug nicht, wie der heilige Paulus es später in seinem Namen tat, das Zölibat als Lebensregel vor; Denn er war kein Narr, und als er die Ehe ablehnte, war er auch nicht wie der heilige Paulus zu der Überzeugung gelangt, dass das Ende der Welt nahe sei und es daher nicht mehr nötig sei, die Erde wieder aufzufüllen . Er muss damit gemeint haben, dass das Rennen fortgesetzt werden sollte, ohne die Treue, die der Einzelne Gott in sich schuldet, zwischen Frauen und Männern zu teilen. Dies wirft das praktische Problem auf, wie wir die geistige Freiheit und Integrität des Priesters und der Nonne ohne ihre Unfruchtbarkeit und unvollständige Erfahrung sichern können. Luther, der Priester, löste das Problem nicht durch die Heirat mit einer Nonne: Er bezeugte lediglich auf überzeugendste und praktischste Weise, dass das Zölibat ein schlimmeres Scheitern war als die Ehe.

WARUM JESUS NICHT HEIRATETE.

Anscheinend bedrückt das Problem nur wenige außergewöhnliche Menschen. Durch und durch konventionelle Frauen, die mit durch und durch konventionellen Männern verheiratet sind, sollten sich keiner Einschränkung bewusst sein: Die Kette lässt ihnen nicht nur die Freiheit, zu tun und zu lassen, was sie wollen, sondern erleichtert ihnen dies auch erheblich. Für sie ist ein Angriff auf die Ehe kein Schlag zur Verteidigung ihrer Freiheit, sondern ein Angriff auf ihre Rechte und Privilegien. Man würde erwarten, dass sie sich in dieser Angelegenheit nicht nur vehement gegen die Lehren Jesu lehnen würden, sondern auch heftig dagegen protestieren würden, dass er selbst kein verheirateter Mann gewesen sei. Sogar diejenigen, die ihn als einen Gott betrachten, der von seinem Thron im Himmel herabgestiegen ist, um eine Zeit lang die Menschheit zu übernehmen, könnten vernünftigerweise erklären, dass die Annahme der Menschheit in ihrem wichtigsten Punkt unvollständig gewesen sein muss, wenn er ein Zölibatär gewesen wäre. Aber die Fakten sind völlig gegensätzlich. Die bloße Vorstellung, dass Jesus ein verheirateter Mann sei, wird von den konventionellsten Gläubigen als blasphemisch empfunden; und selbst diejenigen von uns, für die Jesus keine übernatürliche Persönlichkeit, sondern nur ein Prophet ist, wie Mohammed ein Prophet war, haben das Gefühl, dass das Junggesellentum Jesu etwas Würdevolleres an sich hatte als der Anblick Mohammeds, der zerstreut auf dem Boden seines Harems lag Seine Frauen stürmten und stritten und pickten um ihn herum. Es überrascht uns nicht, dass Jesus, als er die Söhne des Zebedäus aufrief, ihm zu folgen, nicht ihren Vater rief und dass die Jünger, wie Jesus selbst, allesamt Männer ohne familiäre Bindungen waren. Das zeigt sich an seiner Ungeduld, wenn Menschen sich wegen Familienbegräbnissen von ihm fernhielten oder wenn sie davon ausgingen, seine erste Pflicht gelte seiner Mutter gegenüber, und dass ihm auf Schritt und Tritt familiäre Bindungen und häusliche Zuneigung im Weg gestanden hatten, und das auch getan hatte Werden Sie schließlich davon überzeugt, dass kein Mensch seinem inneren Licht folgen kann, solange er nicht von ihrem Zwang befreit ist. Das Fehlen jeglichen Protests dagegen verleitet uns zu der Annahme, dass es in dieser Frage der Ehe keine konventionellen Menschen gibt; und dass jeder von uns in sexueller Hinsicht im Herzen ein guter Christ ist.

Widersprüchlichkeit des Sexualtriebes.

Aber so einfach ist die Frage nicht. Sex ist ein äußerst subtiler und komplizierter Instinkt; und die Masse der Menschheit weiß nicht viel über die Gewissensfreiheit, worüber Jesus nachgedacht hat, und kümmert sich auch nicht viel um sie, und ist fast bis zur Besessenheit von Sex besorgt, worüber Jesus nichts sagte. In unserer sexuellen Natur sind wir von einer unwiderstehlichen Anziehung und einer überwältigenden Abneigung und Abscheu zerrissen. Wir haben zwei tyrannische körperliche Leidenschaften: Begierde und Keuschheit. Wir werden verrückt, wenn wir nach Sex streben, und wir werden ebenso verrückt, wenn wir dieses Streben verfolgen. Wenn wir unseren Wunsch nicht befriedigen , ist das Rennen verloren; wenn wir es nicht zurückhalten, zerstören wir uns selbst. Auf diese Weise werden wir zu Institutionen der Motto-Ehe geführt, die gleichzeitig Gelegenheiten für die Befriedigung des Geschlechts schaffen und ihm unzählige Hindernisse in den Weg stellen; was es heiligen und als berüchtigt brandmarken wird; was es gleichzeitig mit Tugend und Sünde gleichsetzen wird. Offensichtlich ist es sinnlos, bei solchen Institutionen auf irgendeine Konsistenz zu achten; und nur durch ständige Reformen und Neuanpassungen und durch eine beträchtliche Elastizität bei ihrer Durchsetzung kann ein erträgliches Ergebnis erzielt werden. Ich brauche hier nicht die lange und ausführliche Untersuchung zu wiederholen, die ich meinem Stück mit dem Titel „Getting Married“ vorangestellt habe. Hier geht es mir nur um die Ansichten Jesu zu dieser Frage; und um die Haltung der Welt ihnen gegenüber zu verstehen, ist es notwendig, dass wir die allgemeine Zustimmung zu Jesu Entscheidung, unverheiratet zu bleiben, nicht als Bestätigung seiner Ansichten betrachten. Wir befinden uns einfach in einem Zustand der Verwirrung zu diesem Thema; Aber es ist Teil der Verwirrung, dass wir zu dem Schluss kommen, dass Jesus ein Zölibatär war, und sogar vor der Vorstellung zurückschrecken, dass seine Geburt eine natürliche Geburt war, und dennoch mit Entschlossenheit an der Heiligkeit der Institution festhalten, die einen Zufluchtsort vor dem Zölibat bietet.

WOHL ODER ÜBEL.

Jesus äußerte jedoch keine komplizierte Sicht auf die Ehe. Wie wir gesehen haben, war sein Einwand dagegen ganz einfach. Er erkannte, dass niemand ein höheres Leben führen könnte, wenn Geld und sexuelle Liebe nicht ohne Opfer erhältlich wären; und er erkannte, dass die Wirkung der Ehe, wie sie unter den Juden existierte (und wie sie noch immer unter uns existiert), darin bestand, dass die Paare jede höhere Rücksicht opfern mussten, bis sie sich gegenseitig ernährt und erfreut hatten. Das Schlimmste daran ist, dass sich diese gefährliche Absurdität in der Ehe nicht bessert, wenn sich das allgemeine Verhalten verheirateter Paare verbessert, sondern noch viel schlimmer wird. Der selbstsüchtige Mann, für den seine Frau nichts weiter als eine Sklavin ist, die selbstsüchtige Frau, für die ihr Mann nichts weiter als ein Sündenbock und Ernährer ist, werden nicht von spirituellen oder anderen Abenteuern aus Angst vor deren Auswirkungen auf das Wohlergehen ihrer Partner abgehalten . Ihre Frauen machen sie nicht zu Faulpelzen und Feiglingen; ihre Männer ketten sie nicht an die Wiege und an den Herd, wenn ihre Füße auf den Bergen schön sein sollen. Gerade wenn die Menschen freundlicher, gewissenhafter und bereiter werden, den schwereren Teil der Last zu tragen (was bedeutet, dass die Starken den Schwachen weichen und die Langsamen die Schnellen zurückhalten), wird die Ehe zu einem unerträglichen Hindernis individuelle Entwicklung. Und deshalb wiederholt sich die Revolte gegen die Ehe, deren Vertreter Jesus war, immer wieder, wenn die Zivilisation den Standard der ehelichen Pflicht und Zuneigung erhöht und gleichzeitig ein größeres Bedürfnis nach individueller Freiheit im Streben nach einer höheren Entwicklung hervorruft. Dies ist glücklicherweise nur eine Seite der Ehe; und es stellt sich die Frage: Kann es nicht beseitigt werden? Die Antwort ist beruhigend: Natürlich kann es das. Es gibt in der Natur der Sache keinen tödlichen Grund, weshalb ein Ehepaar wirtschaftlich voneinander abhängig sein sollte. Der von Jesus befürwortete Kommunismus, den wir als durchaus praktikabel und in der Tat als unvermeidlich erachtet haben, wenn unsere Zivilisation vor dem Zusammenbruch gerettet werden soll, beseitigt diese Schwierigkeit vollständig. Und mit der wirtschaftlichen Abhängigkeit geht auch die Kraft der ungeheuerlichen Behauptungen einher, die ihre eigentliche Sanktion aus dem wirtschaftlichen Druck beziehen, der ihnen zugrunde liegt. Wenn ein Mann zulässt, dass seine Frau ihn von der besten Arbeit abhält, zu der er fähig ist, und seine Seele zu den höchsten kommerziell erhältlichen Preisen verkauft; Wenn er zulässt, dass sie ihn in eine soziale Routine verwickelt, die für ihn ermüdend und schwächend ist, oder ihn an die Schnüre ihrer Schürze fesselt, wenn er die gelegentliche Einsamkeit braucht, die zu den heiligsten Menschenrechten gehört, dann tut er das, weil er keine hat Sie hat das Recht, ihr exzentrische Ausgabennormen und unsoziale Gewohnheiten aufzuzwingen, und weil diese Bedingungen durch ihren Druck einen so weit verbreiteten Brauch hervorgebracht haben, verheiratete Paare aneinander zu ketten, dass verheiratete Menschen grob verspottet werden, wenn ihre Partner die Kette durchbrechen. Und wenn eine Frau von ihren Eltern dazu verurteilt wird, in sanfter Trägheit und Nutzlosigkeit auf einen Ehemann zu warten, während all ihre gesunden sozialen Instinkte sie dazu auffordern, einen Beruf und eine Arbeit zu ergreifen, ist es wiederum ihre wirtschaftliche Abhängigkeit von ihnen, die ihre Tyrannei wirksam macht.

DER FALL FÜR DIE EHE.

Obwohl es also übertrieben wäre zu sagen, dass der Kommunismus alles, was im Ehe- und Familienleben abscheulich ist, heilen würde, kann man dennoch sagen, dass er das heilen wird, was Jesus in diesen Institutionen beanstandete. Er hat sie nicht umfassend untersucht: Er drückte nur seine eigene Beschwerde mit dem überwältigenden Gefühl aus, dass es sich um eine so tiefe Beschwerde handelt, dass alle Überlegungen auf der anderen Seite wie Staub auf der Waage liegen. Offensichtlich gibt es solche Überlegungen, und zwar auch sehr gewichtige. Als Talleyrand sagte, dass ein verheirateter Mann mit Familie zu allem fähig sei, meinte er alles Böse; aber ein Optimist kann mit der gleichen Halbwahrheit behaupten , dass ein verheirateter Mann zu allem Guten fähig ist; dass die Ehe Vagabunden zu festen Bürgern macht; und dass Männer und Frauen aus Liebe zu ihren Partnern und Kindern Tugenden praktizieren , zu denen ungebundene Menschen nicht fähig sind. Es ist wahr, dass zu viel von dieser häuslichen Tugend Selbstverleugnung ist, die überhaupt keine Tugend ist; Aber dann ist das Befolgen des inneren Lichts um jeden Preis weitgehend Selbstgefälligkeit, die genauso selbstmörderisch, genauso schwach, genauso feige ist wie Selbstverleugnung. Ibsen, der uns viel entschiedener in die Sache hineinführt als Jesus, kann keine goldene Regel finden: Sowohl Brand als auch Peer Gynt haben ein schlechtes Ende genommen; Und obwohl Brand nicht so viel Unheil anrichtet wie Peer, ist das Unheil, das er anrichtet, von außergewöhnlicher Intensität.

Zölibat ist kein Heilmittel.

Ich denke, wir müssen den Protest Jesu gegen Ehe und familiäre Bindungen als den Anspruch einer bestimmten Art von Individuum betrachten, frei von ihnen zu sein, weil sie seine eigene Arbeit unerträglich behindern. Als er sagte, dass wir, wenn wir ihm im Sinne der Aufnahme seiner Arbeit folgen wollen , unsere familiären Bindungen aufgeben müssen, stellte er lediglich eine Tatsache dar; und bis heute akzeptieren der römisch-katholische Priester, der buddhistische Lama und die Fakire aller östlichen Konfessionen das Sprichwort. Es wird auch von den körperlich

Unternehmungslustigen, den Entdeckern, den ruhelosen Tatkräftigen aller Art, kurz gesagt, von den Abenteuerlustigen akzeptiert. Das größte Opfer in der Ehe ist der Verzicht auf die abenteuerliche Lebenseinstellung: das Sesshaftsein. Wer müde zur Welt kommt, sehnt sich vielleicht nach Ruhe; aber für frischere und stärkere Geister ist es eine Form des Selbstmordes. Nun von einer Institution zu sagen, dass sie sowohl mit dem kontemplativen als auch dem abenteuerlichen Leben unvereinbar sei, bedeutet, sie so sehr zu beschämen, dass alle Moralisierungen aller Dekane und Kapitel unsere Seelen nicht mit ihrer Sklaverei versöhnen können. Der unverheiratete Jesus und der unverheiratete Beethoven, die unverheiratete Jeanne d'Arc, Klara, Teresa, Florence Nightingale scheinen so zu sein, wie sie sein sollten; und das Sprichwort, dass ein verheirateter Philosoph immer etwas Lächerliches hat, wird unvermeidlich. Und doch ist der Zölibatäre noch lächerlicher als der verheiratete Mann: Der Priester, der die Alternative des Zölibats akzeptiert, macht sich selbst handlungsunfähig; und die besten Priester sind diejenigen, die Menschen dieser Welt waren, bevor sie Menschen der kommenden Welt wurden. Aber da das Ablegen eines Gelübdes eine bestehende Ehe nicht annulliert und ein verheirateter Mann nicht Priester werden kann, werden wir erneut mit der Absurdität konfrontiert, dass der beste Priester ein reformierter Lebemann ist. So drängt uns die Ehe, die an sich unerträglich ist, zu unerträglichen Alternativen. Die praktische Lösung besteht darin, den Einzelnen wirtschaftlich unabhängig von Ehe und Familie zu machen und die Ehe ebenso leicht auflösbar zu machen wie jede andere Partnerschaft: mit anderen Worten, die Schlussfolgerungen zu akzeptieren, zu denen die Erfahrung sowohl unsere Soziologen als auch unsere Gesetzgeber langsam treibt. Dies wird weder sofort alle Übel der Ehe heilen noch mit einem Schlag ihre abscheuliche Tradition des Eigentums an menschlichen Körpern ausmerzen. Aber es wird der Natur die Freiheit lassen, eine Heilung herbeizuführen; und in freier Erde kann die Wurzel verdorren und zugrunde gehen.

Damit sind alle Meinungen und Lehren Jesu beseitigt, die noch immer Gegenstand von Kontroversen sind. Sie alle entsprechen dem besten modernen Gedanken. Er sagte uns, was wir tun müssen; und wir mussten den Weg finden, es zu tun. Die meisten von uns sind immer noch, wie die meisten zu seiner Zeit, äußerst widerspenstig und werden durch den schmerzhaften Druck der Umstände auf diesen Weg gezwungen und protestieren bei jedem Schritt, dass uns nichts zum Gehen bewegen kann; dass es ein lächerlicher Weg ist, ein schändlicher Weg, ein sozialistischer Weg, ein atheistischer Weg, ein unmoralischer Weg, und dass die Avantgarde sich schämen sollte und gezwungen werden muss, sofort umzukehren. Aber sie stellen fest, dass sie dennoch der Avantgarde folgen müssen, wenn ihr Leben lebenswert sein soll.

NACH DER KREUZIGUNG.

Kehren wir nun zur neutestamentlichen Erzählung zurück; denn was nach dem Verschwinden Jesu geschah, ist lehrreich. Leider war die Kreuzigung ein voller politischer Erfolg. Ich erinnere mich, dass ich, als ich es schon einmal mit diesen Worten beschrieb, die angesehenste Zeitung meiner Heimatstadt, den Dublin Daily Express, zutiefst schockierte, weil meine journalistische Formulierung zeigte, dass ich es als ein gewöhnliches Ereignis wie Home Rule oder Insurance behandelte Handlung: Das heißt (obwohl dies dem Herausgeber nicht in den Sinn kam), als ein reales Ereignis, das wirklich stattgefunden hat, und nicht als Teil des Gottesdienstes. Da ich davon ausgehe, dass es sich um ein reales Ereignis handelte und tatsächlich stattgefunden hat, kann ich nur wiederholen, dass es ein ebenso voller Erfolg war wie jeder andere in der Geschichte. Das Christentum als spezifische Lehre wurde mit Jesus plötzlich und endgültig ausgerottet. Es war ihm kaum kalt in seinem Grab oder hoch in seinem Himmel (wie Sie wollen), als die Apostel die Überlieferung von ihm auf das Niveau herunterzogen, das sie seitdem geblieben ist. Und diese Sache könnten intelligente Heiden studieren, wenn sie durch moderne Bücher darin unterwiesen würden, in Samuel Butlers Roman „Der Weg allen Fleisches“.

Die rachsüchtigen Wunder und die Steinigung von Stephanus.

Nehmen wir zum Beispiel die Wunder. Nur von Jesus unter allen christlichen Wundertätern gibt es außer in bestimmten Evangelien, die alle Menschen ablehnen, keine Aufzeichnungen über ein böswilliges oder zerstörerisches Wunder. Ein kahler Feigenbaum war das einzige Opfer seines Zorns. Jedes seiner Wunder an Lebewesen war ein Akt der Güte. Johannes erklärt, dass er die Wunde des Mannes geheilt habe, dem bei der Verhaftung im Garten ein Ohr abgeschnitten worden sei (von Petrus, sagt Johannes). Eines der ersten Dinge, die die Apostel mit ihrer wundersamen Macht taten, war, einen unglücklichen Mann und seine Frau zu töten, die sie betrogen hatten, indem sie etwas Geld aus dem Stammkapital zurückbehielten. Sie schlugen Menschen ohne Reue blind oder tot, weil sie richteten, weil sie verurteilt worden waren. Sie heilten die Kranken und erweckten die Toten offenbar im Geiste reiner Zurschaustellung und Werbung. Ihre Lehre enthielt keinen Strahl jenes Lichts, das Jesus als einen der Erlöser der Menschen von Torheit und Irrtum offenbart. Sie hoben ihn auf und kehrten direkt zu Johannes dem Täufer und seiner Formel zurück, die Vergebung der Sünden durch Reue und den Ritus der Taufe (Wiedergeburt aus Wasser und Geist) sicherzustellen. Petrus‘ erste Ansprache beruhigt uns durch die menschliche Note seines Exordiums, das seinen Zuhörern eine urige Versicherung war, dass sie glauben müssten, er sei nüchtern, weil es noch zu früh am Tag sei, um sich zu betrinken; aber von Jesus hatte er nichts zu sagen, außer dass er der Christus sei, von dem die Propheten vorhergesagt hatten, dass er aus dem Samen Davids stamme, und dass sie dies glauben und sich taufen lassen müssten. Dazu fügten die anderen Apostel unaufhörliche Verurteilungen der Juden hinzu, weil sie ihn gekreuzigt hatten, und Drohungen mit der Zerstörung, die sie treffen würde, wenn sie nicht Buße tun würden, das heißt, wenn sie sich nicht der Sekte anschließen würden, die die Apostel jetzt gründeten. Ein ziemlich unerträglicher junger Redner namens Stephanus hielt vor dem Rat eine Rede, in der er ihnen zunächst eine langweilige Darstellung der Geschichte Israels, mit der sie vermutlich ebenso gut vertraut waren wie er, aufdrängte und sie dann mit den beleidigendsten Ausdrücken beschimpfte als „ halsstarrig und unbeschnitten “. Schließlich, nachdem er sie bis zum Äußersten erträglich gelangweilt und verärgert hatte, schaute er auf und erklärte, dass er die Himmel offen sah und Christus zur Rechten Gottes stand. Das war zu viel: Sie warfen ihn aus der Stadt und steinigten ihn. Es war eine strenge Art, einen taktlosen und eingebildeten Langweiler zu unterdrücken; aber es war verzeihlich und menschlich im Vergleich zum Abschlachten der armen Ananias und Saphira.

PAUL.

Plötzlich betritt ein genialer Mann, Paulus, ein heftiger Anti-Christ, die Szene und hält die Kleidung der Männer in der Hand, die Stephanus steinigen wollen. Er verfolgt die Christen mit großer Heftigkeit, ein Sport, den er mit dem Beruf eines Zeltmachers verbindet. Dieser temperamentvolle Hass auf Jesus, den er nie gesehen hat, ist ein pathologisches Symptom dieser besonderen Art von Gewissen und nervöser Konstitution, die ihre Opfer der Tyrannei zweier wahnsinniger Schrecken aussetzt: der Angst vor der Sünde und der Angst vor dem Tod, was auch immer sein mag wird auch als „Schrecken des Sex“ und „Schrecken des Lebens“ bezeichnet. Jetzt war Jesus mit seinem gesunden Gewissen auf seiner höheren Ebene frei von diesen Schrecken. Er verkehrte freizügig mit Sündern und machte sich, soweit wir wissen, keinen Augenblick Gedanken darüber, ob sein Verhalten sündhaft war oder nicht; so dass er uns gezwungen hat, ihn als den Mann ohne Sünde anzunehmen. Auch wenn wir seine letzten Tage als die Tage seiner Täuschung betrachten, lieferte er dennoch eine ziemlich überzeugende Demonstration seiner Überlegenheit gegenüber der Angst vor dem Tod. Dies muss Paulus oder Saul, wie er zuerst genannt wurde, sowohl fasziniert als auch entsetzt haben. Der Schrecken erklärt seine heftige Verfolgung der Christen. Die Faszination erklärt die seltsamste seiner Fantasien: die Fantasie, den Namen Jesu Christi mit der großen Idee zu verbinden, die ihm auf dem

Weg nach Damaskus kam, die Idee, dass er aus seinen beiden Schrecken nicht nur eine Religion machen könnte, sondern das Die von Jesus ins Leben gerufene Bewegung bot ihm den Kern für seine neue Kirche. Es war eine monströse Idee; und die Erschütterungen machten ihn, wie er später erklärte, tagelang blind. Er hörte, wie Jesus aus den Wolken zu ihm rief: „Warum verfolgst du mich?“ Sein natürlicher Hass auf den Lehrer, vor dem Sünde und Tod keine Angst hatten, verwandelte sich in eine wilde persönliche Verehrung für ihn, die das Grauenhafte hat, als würde man etwas Schönes in einem falschen Licht sehen.

Der Chronist der Apostelgeschichte erkennt die Bedeutung dessen nicht. Die große Gefahr der Bekehrung bestand zu allen Zeiten darin, dass, wenn die Religion des hohen Geistes dem niederen Geist angeboten wurde, dieser seine Faszination spürte, ohne sie zu verstehen, und unfähig war, sich ihr hinzugeben, und ihn auf sein Niveau herabzog indem man es herabsetzt. Vor Jahren habe ich gesagt, dass die Bekehrung eines Wilden zum Christentum die Bekehrung des Christentums zum Wilden ist. Die Bekehrung des Paulus war überhaupt keine Bekehrung: Es war Paulus, der die Religion, die einen Menschen über Sünde und Tod erhoben hatte, in eine Religion verwandelte, die Millionen von Menschen so vollständig in ihre Herrschaft übergab, dass ihnen ihre eigene gemeinsame Natur ein Graus wurde. und das religiöse Leben wurde zu einer Verleugnung des Lebens. Paulus hatte nicht die Absicht, sein Judentum oder seine römische Staatsbürgerschaft der neuen moralischen Welt (wie Robert Owen es nannte) des Kommunismus und Jesuismus aufzugeben . So wie Karl Marx im 19. Jahrhundert nicht damit zufrieden war, die politische Ökonomie so zu nehmen, wie er sie vorfand, sondern darauf bestand, sie auf seine Weise von Grund auf neu aufzubauen, und dadurch den Fehlern, aus denen sie gerade herausgewachsen war, neues Leben einhauchte, so auch Paulus rekonstruierte den alten Salutismus, von dem Jesus vergeblich versucht hatte, ihn zu erlösen, und schuf eine fantastische Theologie, die immer noch das Erstaunlichste ist, was wir kennen. Da er intellektuell ein eingefleischter römischer Rationalist war und stets die irrationale Realität durch das unwirkliche, aber rationalisierbare Postulat ersetzte, verwarf er zunächst den Menschen, wie er ist, und ersetzte ihn durch ein Postulat, das er Adam nannte. Und als er gefragt wurde, was aus dem natürlichen Menschen geworden sei, da er sicherlich in einer nicht völlig verrückten Welt leben musste, antwortete er: „Adam IST der natürliche Mensch.“ Für Einfaltspinsel war das verwirrend, denn der Überlieferung nach war Adam sicherlich der Name des natürlichen Menschen, der im Garten Eden geschaffen wurde. Es war, als hätte ein Prediger unserer Zeit das typisch britische Frankenstein-Monster beschrieben und ihn Smith genannt, und als jemand gefragt hätte, was mit dem Mann auf der Straße sei, hätte man ihm gesagt: „Smith ist der Mann auf der Straße.“ Das passiert oft genug; Denn in der Tat ist die Welt voll von diesen Adams und Smiths und

Männern auf der Straße und durchschnittlichen sinnlichen Männern und Wirtschaftsmännern und weiblichen Frauen und was nicht, allesamt imaginäre Atlanten, die imaginäre Welten auf ihren substanzlosen Schultern tragen.

Die Eden-Geschichte bescherte Adam eine Sünde: die „Erbsünde", für die wir alle verdammt sind. Das scheint, ganz knapp ausgedrückt, lächerlich; Dennoch entspricht es etwas, das tatsächlich nicht nur im Bewusstsein des Paulus, sondern auch in unserem eigenen existiert. Die Erbsünde bestand nicht im Essen der verbotenen Frucht, sondern im Bewusstsein der Sünde, die die Frucht hervorbrachte. In dem Moment, als Adam und Eva den Apfel probierten, schämten sie sich für ihre sexuelle Beziehung, die ihnen bis dahin ganz unschuldig vorgekommen war; Und man kann sich der Tatsache nicht entziehen, dass diese Scham oder dieser Zustand der Sünde bis zum heutigen Tag anhält und einer unserer stärksten Instinkte ist. Somit war Paulus' Postulat von Adam als dem natürlichen Menschen pragmatisch wahr: Es funktionierte. Aber die Schwäche des Pragmatismus besteht darin, dass die meisten Theorien funktionieren, wenn man sich nur Mühe gibt, sie zum Funktionieren zu bringen, vorausgesetzt, sie haben irgendeinen Bezug zur menschlichen Natur. Der Hedonismus wird den pragmatischen Test ebenso bestehen wie der Stoizismus. Bis zu einem gewissen Punkt funktioniert jedes gesellschaftliche Prinzip, das nicht absolut idiotisch ist: Autokratie funktioniert in Russland und Demokratie in Amerika; In Frankreich gibt es den Atheismus, in Indien den Polytheismus, im gesamten Islam den Monotheismus und in England den Pragmatismus oder Noismus. Die fantastische Vorstellung des Paulus vom verdammten Adam, den Bunyan als Pilger mit einer großen Sündenlast auf dem Rücken darstellte, entsprach der grundlegenden Bedingung der Evolution, die besagt, dass sich das Leben, einschließlich des menschlichen Lebens, ständig weiterentwickelt und daher auch sein muss schämt sich ständig für sich selbst und seine Gegenwart und Vergangenheit. Bunyans Pilger will sein Bündel Sünden loswerden; aber er möchte auch „das leuchtende Licht dort" erreichen; Und als schließlich sein Bündel von ihm in das Grab Christi fällt, ist seine Pilgerreise noch nicht beendet und seine härtesten Prüfungen liegen noch vor ihm. Sein Gewissen bleibt unklar; „Erbsünde" quält ihn immer noch; und sein Abenteuer mit Giant Despair, der ihn in den Kerker von Doubting Castle wirft, aus dem er mithilfe eines Dietschlüssels entkommt, ist schrecklicher als alle anderen, denen er begegnete, als das Bündel noch auf seinem Rücken war. Somit durchbricht Bunyans Allegorie der menschlichen Natur die paulinische Theologie an hundert Stellen. Seine theologische Allegorie „Der Heilige Krieg" mit seinen Truppen von Wahlzweifeln und seiner Kavallerie „derer, die Reformadoes ritten " ist insgesamt absurd, unmöglich und außer in Passagen, in denen der künstlerische alte Adam vorübergehend die Oberhand gewann des Salutationstheologen, kaum lesbar.

Die Theorie des Paulus über die Erbsünde war in gewisser Weise eigenwillig. Er sagt uns mit Bestimmtheit, dass er der Sündhaftigkeit der Sexualität durchaus entgehen kann, indem er Zölibat praktiziert ; aber er erkennt eher verächtlich an, dass er in dieser Hinsicht nicht so ist wie andere Männer, und sagt, dass sie besser heiraten als verbrennen sollten, und gibt damit zu, dass die Ehe zwar dazu führen kann, dass der Wunsch, der Frau oder dem Ehemann zu gefallen, über den Wunsch, zu gefallen, gestellt wird Gott, doch die Beschäftigung mit unbefriedigten Wünschen kann noch gottloser sein als die Beschäftigung mit häuslicher Zuneigung. Diese Sichtweise des Falles veranlasste ihn unweigerlich dazu, darauf zu bestehen, dass eine Frau eher eine Sklavin als eine Partnerin sein sollte, da ihre eigentliche Funktion nicht darin besteht, die Liebe und Loyalität eines Mannes zu gewinnen, sondern sie im Gegenteil für Gott freizugeben, indem sie den Mann wiedererlebt Sie beschäftigt sich nicht nur mit Sex, sondern lindert auch in ihrer Eigenschaft als Haushälterin und Köchin seine Beschäftigung mit dem Hunger durch das einfache Mittel, seinen Appetit zu stillen. Diese Sklaverei rechtfertigt sich auch pragmatisch durch effektives Wirken; aber es hat Paulus zum ewigen Feind der Frau gemacht. Im Übrigen hat es zu vielen törichten Vermutungen über den persönlichen Charakter und die Umstände des Paulus geführt, und zwar bei Menschen, die derart vom Sex versklavt sind, dass ein Zölibatärer für sie wie eine Art Monster erscheint. Sie vergessen, dass nicht nur ganze Priesterschaften, offizielle und inoffizielle, von Paul bis Carlyle und Ruskin, der Tyrannei des Geschlechts getrotzt haben, sondern auch eine große Zahl gewöhnlicher Bürger beiderlei Geschlechts, entweder freiwillig oder unter dem Druck leicht zu überwindender Umstände, ihre Kräfte gespart haben für weniger primitive Aktivitäten.

Allerdings gelang es Paulus, das Bild des gekreuzigten Christus als Galionsfigur seines Heilsgefäßes zu stehlen, wobei sich Adam als natürlicher Mensch ausgab, dessen Lehre von der Erbsünde und seine Verdammnis nur durch den Glauben an das Opfer des Kreuzes vermeidbar waren. Tatsächlich hatte Jesus kaum den Drachen des Aberglaubens umgeworfen, als Paulus ihn im Namen Jesu mutig wieder auf die Beine stellte.

Die Verwirrung des Christentums.

Nun ist es offensichtlich, dass zwei Religionen, die solch gegensätzliche Auswirkungen auf die Menschheit haben, nicht verwechselt werden sollten, da sie unter einem gemeinsamen Namen stehen. In den charakteristischen Äußerungen Jesu findet sich kein einziges Wort des paulinischen Christentums. Als Saul die Kleidung der Männer betrachtete, die Stephanus steinigten, handelte er nicht nach Glaubensvorstellungen, von denen Paulus ablehnte. Es gibt keine Aufzeichnungen darüber, dass Christus jemals zu irgendeinem Menschen gesagt hätte: „Geh und sündige, so viel du willst; du kannst mir alles aufbürden." Er sagte: „Sündige nicht mehr" und beharrte darauf, dass er den Verhaltensmaßstab anhebt und nicht herabsetzt und dass die Gerechtigkeit des Christen die des Schriftgelehrten und Pharisäers übertreffen müsse. Die Vorstellung, dass er sein Blut vergoss, damit jeder kleine Betrüger, Ehebrecher und Wüstling sich darin suhlen und weißer als Schnee daraus hervorgehen könnte, kann ihm nicht aus eigener Kraft zugeschrieben werden. „Ich komme als unfehlbares Patentarzneimittel gegen schlechte Gewissen" gehört nicht zu den Sprüchen in den Evangelien. Hätte man Jesus zu Bunyans Allegorie zu der Sache befragen können, in der die Last der Sünde vom Rücken des Pilgers fiel, als er das Kreuz erblickte, müssen wir aus seinen Lehren schließen, dass er Bunyan mit eindringlichen Worten gesagt hätte, dass er es nie getan hätte einen größeren Fehler in seinem Leben begangen hat und dass die Aufgabe eines Christus darin besteht, selbstzufriedene Sünder dazu zu bringen, die Last ihrer Sünden zu spüren und sie nicht mehr zu begehen, anstatt ihnen zu versichern, dass sie nichts dagegen tun könnten, da alles Adams Schuld sei. aber dass es keine Rolle spielte, solange sie leichtgläubig und freundlich zu ihm waren. Selbst als er glaubte, ein Gott zu sein, betrachtete er sich nicht als Sündenbock. Er sollte die Sünden der Welt durch eine gute Regierung, durch Gerechtigkeit und Barmherzigkeit wegnehmen, indem er das Wohlergehen kleiner Kinder über den Stolz der Fürsten stellte und alle Quacksalbereien und Götzendienereien beseitigte, die jetzt die Macht Gottes usurpieren und missbrauchen Unsere örtlichen Behörden nennen den Staubzerstörer auf urige Weise, und indem wir in Herrlichkeit auf den Wolken des Himmels fahren, anstatt in einem Tausend-Guinea-Auto. Das war, wenn man so will, wahnsinnig; aber es war das Delirium einer freien Seele, nicht einer beschämten Seele wie Paulus. Es hat wirklich nie eine ungeheuerlichere Zumutung gegeben als die Auferlegung der Grenzen der Seele des Paulus auf die Seele Jesu.

DAS GEHEIMNIS VON PAULS ERFOLG.

Paulus muss bald herausgefunden haben, dass seine Anhänger auf Kosten jeglicher moralischen Verantwortung Seelenfrieden und Sieg über Tod und Sünde erlangt hatten; denn er tat sein Bestes, um es wieder einzuführen, indem er gutes Benehmen zum Test des aufrichtigen Glaubens machte und darauf bestand, dass aufrichtiger Glaube für die Erlösung notwendig sei. Aber da sein System auf der klaren Tatsache basierte, dass das, was er Sünde nannte, Sex einschließt und daher ein unausrottbarer Teil der menschlichen

Natur ist (warum sonst hätte Christus für die Sünden aller zukünftigen Generationen büßen müssen?), war es für ihn unmöglich zu erklären, dass die Sünde, selbst in ihrer schlimmsten Form, die Erlösung des Sünders verwirken könnte, wenn er Buße tut und glaubt. Und bis zum heutigen Tag ist das paulinische Christentum eine Prämie für die Sünde und verdankt seine enorme Popularität dieser Tatsache. Seine Folgen mussten von der weltlich weisen Mehrheit durch ein gewalttätiges antichristliches Strafrechtssystem und strenge Moral in Schach gehalten werden. Aber die größte Zurückhaltung liegt natürlich in der menschlichen Natur, die sowohl gute als auch schlechte Impulse hat und sich von Diebstahl, Mord und Grausamkeit fernhält, selbst wenn man lehrt, dass sie sie alle auf Kosten Christi begehen und glücklich in den Himmel kommen kann danach, einfach weil es nicht immer morden oder rauben oder foltern will.

Es ist nun leicht zu verstehen, warum es dem Christentum Jesu überhaupt nicht gelang, sich politisch und gesellschaftlich zu etablieren, und leicht von der Polizei und der Kirche unterdrückt wurde, während der Paulinismus die gesamte westliche zivilisierte Welt, die damals das Römische Reich war, überrannte wurde von ihr als offizieller Glaube übernommen, und die alten Rachegötter fielen hilflos vor dem neuen Erlöser. Wie wir in Afrika sehen können, behält sie immer noch ihre Kraft, einfachen Menschen eine Botschaft der Hoffnung und des Trostes zu überbringen, die keine andere Religion bietet. Aber dieser Zauber entsteht durch seine falsche Verbindung mit dem persönlichen Charme Jesu und existiert nur für ungeübte Geister. In den Händen eines logischen Franzosen wie Calvin, der es zu seinen äußersten Schlussfolgerungen treibt und „Institute“ für hartnäckige erwachsene Schotten und echte Schweizer entwickelt, wird es zum höllischsten aller Fatalismen; und das Leben zivilisierter Kinder wird durch seine Logik verdorben, während Neger-Piccaninnies sich über seine Legenden freuen.

PAULS QUALITÄTEN

Paulus erlangte seinen großen Ruf jedoch nicht durch bloßes Aufdrängen und Reagieren. Nur im Vergleich zu Jesus (dem viele den Vorzug geben) erscheint er gewöhnlich und gezeugt. Obwohl er in der Apostelgeschichte nur ein vulgärer Erweckungsdichter ist, erweist er sich in seinen eigenen Briefen als echter Dichter, wenn auch nur durch kurze Momente. Er ist ebenso wenig ein Christ, wie Jesus Baptist war; er ist nur ein Jünger Jesu, wie Jesus ein Jünger von Johannes war. Er tut nichts, was Jesus getan hätte, und sagt nichts, was Jesus gesagt hätte, obwohl er vieles, wie die berühmte Ode an die Nächstenliebe, bewundert hätte. Er ist jüdischer als die Juden, römischer als die Römer, stolz in beide Richtungen, voller überraschender

Geständnisse und Selbstoffenbarungen, die uns nicht überraschen würden, wenn sie in die Seiten Nietzsches rutschten, gequält von einem intellektuellen Gewissen, das eine Auseinandersetzung verlangte Selbst auf Kosten der Sophistik, mit allerlei schönen Qualitäten und gelegentlichen Erleuchtungen, aber immer hoffnungslos in den Netzen der Sünde, des Todes und der Logik, die keine Macht über Jesus hatten. Wie wir gesehen haben, passte er diese seine Knechtschaft und seinen Schrecken in die christliche Lehre ein, indem er sie an die Kirchen- und Staatssysteme anpasste, über die Jesus hinausging, und machte sie praktikabel, indem er die spezifisch jesuitische Seite davon zerstörte . Er wäre in jedem modernen protestantischen Staat vollkommen an seinem Platz gewesen; und er, nicht Jesus, ist das wahre Oberhaupt und Gründer unserer reformierten Kirche, wie Petrus der römischen Kirche. Die Anhänger von Paulus und Petrus gründeten das Christentum, während die Nazarener ausgerottet wurden.

Die Taten der Apostel.

Hier können wir zu der Erzählung „Die Apostelgeschichte" zurückkehren, die wir an dem Punkt beendet haben, an dem auf die Steinigung des Stephanus die Einführung des Paulus folgte. Der Autor der Apostelgeschichte war zwar ein guter Geschichtenerzähler wie Lukas, aber (hier auch wie Lukas) in seiner Denkkraft viel schwächer als in der fantasievollen literarischen Kunst. Daher sehen wir, dass Lukas von Leuten, die Geschichten mögen und keine Begabung für Theologie haben, die Autorschaft der Apostelgeschichte zugeschrieben wird, während das Buch selbst von paulinischen Theologen als unecht angeprangert wird, weil Paulus und tatsächlich alle Apostel darin als sehr alltäglich dargestellt werden Erweckungskünstler, die uns mehr durch ihre Abenteuer als durch irgendwelche Geistes- oder Charaktereigenschaften interessieren. Tatsächlich hätten wir ohne die Briefe eine sehr schlechte Meinung von den Aposteln. Insbesondere Paulus wird als Vorreiter einer Mode beschrieben, die bis heute ununterbrochen in Gebrauch ist. Wann immer er sich an ein Publikum wendet, beschäftigt er sich mit großer Begeisterung mit seinen Missetaten vor seiner Pseudo-Bekehrung, mit der Wirkung, dass sein gegenwärtiger Zustand der Seligkeit noch deutlicher hervortritt; und er erzählt die Geschichte dieser Bekehrung immer wieder und endet mit Ermahnungen an die Zuhörer, zu kommen und gerettet zu werden, und mit der Androhung des Zorns, der sie treffen wird, wenn sie sich weigern. Bei jedem Erweckungstreffen heute kann man dasselbe hören, gefolgt von denselben Bekehrungen. Das ist ganz natürlich; aber es ist völlig anders als die Predigten Jesu, der nie über seine persönliche Geschichte sprach und nie eine Zuhörerschaft zur Hysterie „aufregte". Es zielt auf eine rein nervöse Wirkung ab; es bringt keine Erleuchtung; Der unwissendste Mensch muss nur von seiner eigenen Eitelkeit berauscht werden und seine Selbstzufriedenheit mit dem Heiligen Geist verwechseln, um sich als Apostel zu qualifizieren; und es hat absolut nichts mit den charakteristischen Lehren Jesu zu tun. Der Heilige Geist mag überall am Werk sein, Wunder der Kunst und Wissenschaft hervorbringen und die Menschen stärken, alle Arten von Märtyrern zu ertragen, um ihr Wissen zu erweitern und das Leben zu bereichern und zu intensivieren („damit ihr das Leben in Fülle habt"); aber die Apostel beteiligen sich, wie in der Apostelgeschichte beschrieben, nur als Verfolger und Verleumder an dem Kampf. Bis zum heutigen Tag, wenn ihre Ländereien die Oberhand gewinnen, wie in Genf (Knox' „perfekte Stadt Christi") sowie in Schottland und Ulster, wird jede spirituelle Aktivität außer Geldverdienen und Kirchenbesuchen ausgerottet; Ketzer werden rücksichtslos verfolgt; und solche Freuden, die man mit Geld kaufen kann, werden unterdrückt, so dass ihre Besitzer gezwungen sind, weiterhin Geld zu verdienen, weil es nichts anderes zu tun gibt. Und der Ausgleich für all diese Entbehrungen ist teils eine wahnsinnige Vorstellung davon, der Auserwählte Gottes zu sein, mit einem reservierten Platz im Himmel, und teils, da selbst der verrückteste Idiot sein Leben nicht damit verbringen kann, sich selbst zu bewundern, die weniger unschuldige Aufregung, andere Menschen zu bestrafen dafür, dass sie ihn nicht bewundern, und dass sie die Sünden der Menschen aufspüren, die intelligent genug sind, um zu bloßer langweiliger Selbstgerechtigkeit unfähig zu sein, und die sehr empfänglich für die Schönheit und das Interesse der wahren Wirkungen des Heiligen Geistes sind und versuchen zu leben ein rationaleres und erfüllteres Leben. Das abscheuliche Vergnügen, Kinder mit der Höllenandrohung in Angst und Schrecken zu versetzen, ist eine weitere dieser Ablenkungen und vielleicht die abscheulichste und schelmischste von ihnen. Das Endergebnis ist, dass die Nachahmer der Apostel, ob sie nun aus Spott Holy Willies oder Stigginses oder aus Bewunderung Puritaner oder Heilige genannt werden, außerhalb ihrer eigenen Gemeinden und zu einem beträchtlichen Teil innerhalb dieser zutiefst verabscheut werden. Jetzt hasst niemand Jesus, obwohl viele, die in ihrer Kindheit in seinem Namen gequält wurden, ihn in ihre allgemeine Abneigung gegen alles einbeziehen, was mit dem Wort Religion zu tun hat; während andere, die ihn nur fälschlicherweise als sentimentalen Pazifisten und Asketen kennen, ihn in ihre allgemeine Abneigung gegen diese Art von Charakter einbeziehen. Ebenso kann ein Student, der Shakespear als Studienfach „aufstehen" musste, Shakespear hassen ; und Leute, die das Theater nicht mögen, können Moliere in diese Abneigung einbeziehen, ohne jemals eine Zeile von ihm gelesen oder eines seiner Stücke gesehen zu haben; Aber niemand, der Shakespeare oder Moliere kennt , könnte sie hassen oder ohne Mitleid und Entsetzen eine Beschreibung lesen, wie sie beleidigt, gefoltert und getötet wurden. Und das Gleiche gilt auch für Jesus. Aber es erfordert die größte Anstrengung des Gewissens, nicht zu schreien: „Gebt ihm Recht!“, wenn wir von der Steinigung des Stephanus lesen; und niemand hat sich jemals einen Cent um das Martyrium von Petrus gekümmert: Viele bessere Männer sind einen schlimmeren Tod gestorben: zum Beispiel war der ehrliche Hugh Latimer, der von uns verbrannt wurde, fünfzig Stephens und ein Dutzend Peters wert. Endlich hat man das Gefühl, als Jesus Petrus von seinem Boot rief, verwöhnte er einen ehrlichen Fischer und machte aus dem Wrack nichts Besseres als einen Erlöser.

Die Kontroversen um Taufe und Transsubstantiation.

In der Zwischenzeit bestand die unvermeidliche Folge der Aufgabe der besonderen Lehren Jesu und der Rückkehr zu Johannes dem Täufer darin, dass es viel einfacher wurde, Nichtjuden als Juden zu bekehren; Und weil Paulus dem Weg des geringsten Widerstands folgte, wurde er zum Apostel der Heiden. Die Juden hatten ihren eigenen Initiationsritus: den Beschneidungsritus; und sie waren heftig eifersüchtig darauf, weil es sie als das auserwählte Volk Gottes kennzeichnete und sie von den Heiden unterschied, die einfach die Unbeschnittenen waren . Als Paulus feststellte, dass sich die Taufe unter den Heiden viel schneller durchsetzte als unter den Juden, da sie dadurch behaupten konnten, dass auch sie durch einen Ritus von späterer und höherer Autorität als dem mosaischen Ritus geheiligt wurden, musste er zugeben, dass dies bei der Beschneidung nicht der Fall war Gegenstand; und das war für die Juden eine unerträgliche Gotteslästerung. Für Nichtjuden wie uns ist ein großer Teil des Römerbriefs inzwischen so langweilig, dass er nicht mehr lesbar ist, weil er aus einem hoffnungslosen Versuch von Paulus besteht, der Schlussfolgerung zu entgehen, dass es bei der Taufe eines Menschen keinen Unterschied macht, ob er beschnitten ist oder nicht . Paulus behauptet, die Beschneidung sei auf seine Weise eine hervorragende Sache für einen Juden; aber wenn es keine Wirksamkeit für die Erlösung hat und wenn die Erlösung das Einzige ist, was nötig ist – und Paulus war beiden Vorschlägen verpflichtet –, verstärkten seine Bitten um Milderung die Juden nur noch mehr, ihn zu steinigen.

So wurde das apostolische Christentum von Anfang an durch einen Streit darüber behindert, ob die Erlösung durch einen chirurgischen Eingriff oder durch eine Besprengung mit Wasser erreicht werden sollte: Mutterriten, über die Jesus keine zwanzig Worte verschwendet hätte. Später, als die neue Sekte den nichtjüdischen Westen eroberte, wo der Streit keine praktische Anwendung hatte, löste die andere Zeremonie – die des Essens des Gottes – einen noch verheerenderen Streit aus, bei dem es zu Meinungsverschiedenheiten kam, nicht aber hinsichtlich der Verpflichtung dazu Die Durchführung der Zeremonie, aber die Frage, ob es sich um eine symbolische oder eine tatsächliche Einnahme göttlicher Substanz handelte, führte zu Verfolgung, Abschlachten, Hass und allem, was Jesus verabscheute, in ungeheurem Ausmaß.

Doch schon lange vorher sorgte der Aberglaube, der dem neuen Glauben anhaftete, für Unruhe. Die parthenogenetische Geburt Christi, die zunächst als Volkswunder einfach genug war, wurde von den Theologen nicht so einfach belassen. Sie begannen zu fragen, aus welcher Substanz Christus im Schoß der Jungfrau erschaffen worden sei. Als die Dreifaltigkeit zum Glauben hinzugefügt wurde, stellte sich die Frage: War die Jungfrau die Mutter Gottes oder nur die Mutter Jesu? Zu diesen Fragen kam es zu arianischen und nestorianischen Spaltungen; und die Anführer der daraus resultierenden Unruhen setzten einander erbittert ab und exkommunizierten einander entsprechend ihrem Glück, die Kaiser auf ihre Seite zu ziehen. Im 4. Jahrhundert begannen sie, sich gegenseitig wegen Meinungsverschiedenheiten in solchen Angelegenheiten zu verbrennen. Im 8. Jahrhundert machte Karl der Große das Christentum zur Pflicht, indem er diejenigen tötete, die sich weigerten, es anzunehmen; Und obwohl damit der freiwillige Charakter der Konvertierung endete, kann Karl der Große behaupten, der erste Christ zu sein, der Menschen für jeden Punkt der Lehre, der wirklich zählte, hinrichten ließ. Seit seiner Zeit riecht die Geschichte der christlichen Kontroversen nach Blut und Feuer, Folter und Krieg. Die Kreuzzüge, die Verfolgungen in Albi und anderswo, die Inquisition, die „Religionskriege“, die auf die Reformation folgten, stellten sich alle als christliche Phänomene dar; Aber wer kann daran zweifeln, dass sie von Jesus mit Entsetzen zurückgewiesen worden wären? Unsere eigene Vorstellung, dass das Massaker von St. Bartholomäus ein Verbrechen gegen das Christentum war, während die Feldzüge von Gustav Adolf und sogar Friedrichs des Großen eine Verteidigung davon darstellten, ist ebenso absurd wie die gegenteilige Vorstellung, dass Friedrich Antichrist und Torquemada war Ignatius Loyola ist ein Mann nach dem Herzen Jesu. Weder sie noch ihre Heldentaten hatten etwas mit ihm zu tun. Es ist wahrscheinlich, dass Erzbischof Laud und John Wesley gleichermaßen in der Überzeugung starben, dass derjenige, in dessen Namen sie sich auf Erden berühmt gemacht hatten, sie im Himmel mit offenen Armen empfangen würde. Der arme Quäker Fox hätte zehnmal so viel Glück gehabt; und doch machte Fox sein Leben ziemlich erbärmlich.

Dennoch bezogen alle diese Perversionen der Lehre Jesu ihre moralische Kraft aus seinem Ansehen und mussten daher sein Evangelium am Leben erhalten. Als die Protestanten die Bibel in die Landessprache übersetzten und sie unter dem Volk verbreiteten, taten sie etwas äußerst Gefährliches, wie das Unheil, das darauf folgte, bewies; aber nebenbei ließen sie die Worte Jesu in offenem Wettbewerb mit den Worten von Paulus und Koheleth und David und Salomo und den Autoren von Hiob und dem Pentateuch los; und wie wir gesehen haben, scheint Jesus der siegreiche Name zu sein. Der eklatante Widerspruch zwischen seiner Lehre und der Praxis aller Staaten und aller Kirchen ist nicht länger verborgen. Und es kann sein, dass seit der Geburt Jesu neunzehn Jahrhunderte vergangen sind (sein Geburtsdatum wird heute kurioserweise mit 7 v. Chr. angegeben, obwohl einige mit 100 v. Chr. rechnen) und dass seine Kirche noch nicht gegründet und sein politisches System noch nicht auf die Probe gestellt wurde , der Bankrott aller anderen Systeme, gemessen an unseren wichtigen Statistiken, die uns einen letzten Test für alle politischen Systeme liefern, treibt uns mit Nachdruck dazu, ihn zu akzeptieren, nicht als Sündenbock, sondern als jemanden, der viel weniger dumm war praktische Dinge, als wir bisher alle für ihn gehalten haben.

DIE ALTERNATIVEN CHRISTUS.

Lassen Sie uns die Situation nun ein wenig klären. Das Neue Testament erzählt zwei Geschichten für zwei verschiedene Arten von Lesern. Die eine ist die alte Geschichte von der Verwirklichung unserer Erlösung durch das Opfer und die Sühne einer göttlichen Persönlichkeit, die barbarisch getötet wurde und am dritten Tag wieder auferstand: die Geschichte, wie sie von den Aposteln akzeptiert wurde. Und in dieser Geschichte haben die politischen, wirtschaftlichen und moralischen Ansichten Christi keine Bedeutung: Die Sühne ist alles; und wir werden durch unseren Glauben daran gerettet und nicht durch Werke oder Meinungen (außer dieser bestimmten Meinung), die sich auf praktische Angelegenheiten beziehen.

Das andere ist die Geschichte eines Propheten, der, nachdem er mehrere sehr interessante Meinungen über praktisches Verhalten, sowohl persönlicher als auch politischer Art, geäußert hatte, die jetzt von dringender Bedeutung sind, und seine Jünger angewiesen hatte, sie in ihrem täglichen Leben umzusetzen, den Kopf verlor; glaubte, er sei eine grobe, legendäre Form eines Gottes ; und unter diesem Wahn wurde er umworben und erlitt eine grausame Hinrichtung in dem Glauben, dass er von den Toten auferstehen und in Herrlichkeit kommen würde, um über eine wiedergeborene Welt zu herrschen. In dieser Form sind die politischen, wirtschaftlichen und moralischen Ansichten Jesu als Verhaltensrichtlinien interessant und wichtig: Der Rest ist bloße Psychopathie und Aberglaube. Die Berichte über die Auferstehung, die parthenogenetische Geburt und die unglaublichsten Wunder werden als Erfindungen abgelehnt; und solche Episoden wie das Gespräch mit dem Teufel werden mit ähnlichen

Gesprächen klassifiziert, die von St. Dunstan, Luther, Bunyan, Swedenborg und Blake aufgezeichnet wurden.

GLAUBE KEIN KRITERIUM.

Diese willkürliche Annahme und Ablehnung von Teilen des Evangeliums ist nicht typisch für die säkularistische Sichtweise. Wir haben gesehen, wie Lukas und Johannes Matthäus' Geschichte vom Massaker an Unschuldigen und der Flucht nach Ägypten ohne Umstände zurückwiesen. Die Vorstellung, dass es sich bei Matthäus' Manuskript um eine wörtliche und unfehlbare Aufzeichnung von Tatsachen handelt, die nicht den Fehlern unterworfen ist, die alle irdischen Chronisten befallen, hätte Johannes staunen lassen, da es sich dabei um eine vergleichsweise moderne Vorstellung von intellektuell ungeschulten Menschen handelt, die die Bibel auf dem gleichen Stand halten Regal mit Napoleons Schicksalsbuch, Old Moores Almanach und Handbüchern zur therapeutischen Kräuterheilkunde. Vielleicht sind Sie ein fanatischer Heilsbefürworter und lehnen mehr Wundergeschichten ab als Huxley; und Sie können Jesus völlig als den Erlöser ablehnen und ihn dennoch als historischen Zeugen dafür anführen, dass Menschen über die wunderbarsten thaumaturgischen Kräfte verfügen. „Christus-Wissenschaftler" und Jesus der Mahatma werden von Leuten gepredigt, die Petrus als schlimmere Ungläubige als Simon Magus totgeschlagen hätte; und das Sühnopfer; wird von baptistischen und kongregationalistischen Geistlichen gepredigt, deren Ansichten über die Wunder denen von Ingersoll und Bradlaugh entsprechen . Luther, der alle Heiligen mit ihren Millionen Wundern ausradierte und die Heilige Jungfrau selbst auf den Status eines Idols herabwürdigte, konzentrierte den Salutismus bis zu einem Punkt, an dem der abscheulichste Mörder, der daran glaubt, wenn der Strick um ihn geschlungen ist Hals, fliegt direkt in die Arme Jesu, während Tom Paine und Shelley in den Abgrund fallen, um dort für alle Ewigkeit zu brennen. Und skeptische Physiker wie Sir William Crookes demonstrieren durch Laborexperimente, dass „Medien" wie Douglas Home den Zeiger einer Federwaage drehen können, ohne das daran hängende Gewicht zu berühren.

Der Glaube an die Unsterblichkeit der Person ist kein Kriterium.

Auch der Glaube an die individuelle Unsterblichkeit ist kein Kriterium. Theosophen lehnen die stellvertretende Sühne so strikt ab, dass sie darauf bestehen, dass die kleinste unserer Sünden ihr Karma mit sich bringt, und beharren auch auf individueller Unsterblichkeit und Metempsychose, um dem unerlösten Sünder ein unbegrenztes Feld für die Ausarbeitung von Karma zu bieten. Der Glaube an die Verlängerung des individuellen Lebens über das Grab hinaus ist bei klatschsüchtigen Spiritualisten weitaus realer und lebendiger als bei konventionellen Christen. Die Vorstellung, dass diejenigen, die das christliche (oder jedes andere) Heilskonzept durch Sühne ablehnen, auch den Glauben an persönliche Unsterblichkeit und an Wunder ablehnen müssen, ist ebenso unbegründet wie die Vorstellung, dass ein Atheist Ihre Uhr stehlen wird .

Ich könnte diese Fälle zur Müdigkeit vervielfachen. Der Hauptunterschied, der Gladstone und Huxley an die Ohren ging, ist nicht der zwischen dem Glauben an übernatürliche Personen oder wundersame Ereignisse und der strengsten Auffassung, dass ein solcher Glaube ein Verstoß gegen die intellektuelle Integrität ist: Es ist der Unterschied zwischen dem Glauben an die Wirksamkeit der Kreuzigung als … unfehlbares Heilmittel gegen Schuldgefühle und eine angeborene Unfähigkeit, dies zu glauben oder (das Gleiche) es glauben zu wollen.

Die weltliche Sichtweise ist natürlich, nicht rational und daher unvermeidlich.

Es muss daher, ob es uns gefällt oder nicht, als schlichte grundlegende moderne Tatsache angesehen werden, dass viele von uns zwar nicht glauben können, dass Jesus seine Seele durch bloße Sentimentalität auf seltsame Weise in den Griff bekam, wir aber auch nicht glauben können, dass er John Barleycorn war. Je mehr unsere Vernunft und unser Studium uns zu der Überzeugung führen, dass Jesus den eindringlichsten gesunden Menschenverstand zum Ausdruck gebracht hat, als er den Kommunismus predigte; als er erklärte, dass die Wirklichkeit hinter dem weit verbreiteten Glauben an Gott ein schöpferischer Geist in uns selbst sei, den er „Himmlischer Vater“ und von uns „Evolution“, „Elan Vital“, „Lebenskraft“ und andere Namen nannte; Als er gegen den Anspruch der Ehe und der Familie protestierte, sich den großen Teil unserer Energie anzueignen, der für den Dienst seines Vaters bestimmt war, wird es für uns umso unmöglicher zu glauben, dass er mit seiner plötzlichen Ankündigung genauso vernünftig war dass er selbst ein sichtbarer konkreter Gott war; dass sein Fleisch und Blut eine wunderbare Nahrung für uns waren; dass er auf traditionelle Weise gefoltert und getötet werden müsse und nach drei Tagen von den Toten auferstehen würde; und dass bei seinem zweiten Kommen die Sterne vom Himmel fallen würden und er König eines irdischen Paradieses werden würde . Aber es ist leicht und vernünftig zu glauben, dass ein überforderter Prediger schließlich verrückt wurde, so wie Swift und Ruskin und Nietzsche verrückt wurden. In jeder Anstalt gibt es einen Patienten, der unter der Wahnvorstellung leidet, ein Gott zu sein, aber ansonsten vernünftig genug ist. Diese Patienten erklären heutzutage nicht, dass sie barbarisch getötet werden und von den Toten auferstehen werden, weil sie diese Tradition der Bestimmung der Gottheit verloren haben; aber sie beanspruchen alles, was mit der Göttlichkeit zu tun hat, was in ihrem Wissen liegt.

Daher sind die Evangelien als Memoiren und suggestive Aussagen soziologischer und biologischer Lehren, die für die moderne Zivilisation von großer Bedeutung sind, obwohl sie in der Geschichte einer psychopathischen Wahnvorstellung enden, für moderne Denker durchaus glaubwürdig, verständlich und interessant. In jeder anderen Hinsicht sind sie weder glaubwürdig, verständlich noch interessant, außer für Menschen, denen die Täuschung auferlegt.

„DIE HÖHERE KRITIK."

Historische Forschung und paläographische Kritik werden zweifellos weiterhin beweisen, dass das Neue Testament, wie das Alte, selten eine einzige Geschichte erzählt oder eine einzige Doktrin darlegt und uns oft eine Anhäufung und Anhäufung weitgehend eigenständiger und sogar nicht miteinander verbundener Traditionen und Doktrinen präsentiert. Aber diese Auflösungen haben kaum etwas mit dem Zweck dieser Seiten zu tun, obwohl sie für Gelehrte technisch interessant und für Menschen, die lediglich die papiernen Befestigungen der Unfehlbarkeit der Bibel verteidigen oder angreifen, erfreulich oder ärgerlich sind . Ich habe die Tatsache erwähnt, dass sich die meisten Autoritäten inzwischen (im Moment) darüber einig sind, dass das Geburtsdatum Jesu auf etwa 7 v. Chr. geschätzt werden kann; aber sie datieren ihre Briefe daher nicht auf das Jahr 1923, und ich nehme an, sie erwarten auch nicht, dass ich das tue. Ich beschäftige mich mit der Kritik (im Kantschen Sinne) eines etablierten Glaubenskörpers, der zu einem tatsächlichen Teil des geistigen Gefüges meiner Leser geworden ist; und ich würde der Trifler und Pedant am meisten zur Verzweiflung bringen, wenn ich in die Kritik eines anderen Glaubens oder Nichtglaubens verfallen würde, zu dem sich meine Leser möglicherweise äußern würden, wenn sie gelehrte Paläographen und Historiker der Heiligen Schrift wären, in welchem Fall übrigens Sie müssten ihre Ansichten so oft ändern, dass das Evangelium, das sie in ihrer Kindheit empfangen hatten, sie doch durch seine überlegene Beharrlichkeit dominieren würde. Das Chaos bloßer Tatsachen, in dem die Bergpredigt und die Ode an die Nächstenliebe nichts als Streitigkeiten darüber nahelegen, ob es sich um Einfügungen handelt oder nicht, in dem Jesus zu nichts anderem als einem Namen wird, der im Verdacht steht, zehn verschiedenen Propheten oder hingerichteten Personen zu gehören, in wobei Paulus nur der Mann ist, der unmöglich die ihm zugeschriebenen Briefe geschrieben haben kann, in denen uns chinesische Weise, griechische Philosophen, lateinische Autoren und Verfasser antiker anonymer Inschriften als Quellen dieses oder jenes Fetzens vorgeworfen werden Die Bibel ist weder eine Religion noch eine Religionskritik: Man stellt die Tatsache, dass ein großer Teil des mittelalterlichen Gebäudes in der Kathedrale von Peterborough als eklatante Bauweise befunden wurde, nicht als Kritik an den Predigten des Dekans dar. Ob gut oder böse, wir haben aus der Literatur, die wir Bibel nennen, eine Synthese gemacht; und obwohl die Entdeckung, dass es in der Bibel eine Menge Gerede gibt, auf ihre Weise interessant ist, weil alles an der Bibel interessant ist, ändert sie die Synthese selbst für die Paläographen nicht wesentlich und ändert sie überhaupt nicht Alles für diejenigen, die nicht mehr über die moderne Paläographie wissen als Erzbischof Ussher. Ich habe daher kaum mehr Entdeckungen angedeutet, als Erzbischof Ussher selbst vermutet hätte, wenn er die Bibel ohne Vorurteile gelesen hätte.

Im Übrigen habe ich die Synthese genommen, wie sie bei Männern wirklich lebt und wirkt. Schließlich geht es Ihnen um eine Synthese: Sie müssen den Fall zu einem für Sie nachvollziehbaren Sachverhalt beurteilen. Auch wenn man vor der synthetischen Biografie kaum mehr Respekt hat als vor synthetischem Kautschuk, synthetischer Milch und dem noch unerreichten synthetischen Protoplasma, das es uns ermöglichen soll, verschiedene Arten von Männern zu erschaffen, so wie ein Konditor verschiedene Arten von Torten herstellt, bleibt das praktische Problem bestehen vor Ihnen ebenso deutlich wie vor den leichtgläubigsten Anhängern dessen, was man als „Höhere Kritik" bezeichnet.

Die Gefahren des Heilismus.

Die säkulare Sichtweise Jesu wird durch die Zunahme der Zahl der Menschen in unserer Zeit, die über die Möglichkeit verfügten, sich so weit zu erziehen und zu schulen, dass sie keine Angst mehr haben, den Tatsachen ins Auge zu sehen, stark gestärkt, sogar solchen erschreckenden Tatsachen wie Sünde und Tod. Das Ergebnis ist eine größere Strenge im modernen Denken. Es verbreitet sich die Überzeugung, dass man einen Menschen dazu ermutigen würde, ein Schurke zu sein, wenn man ihn zu dem Glauben ermutigte, dass er, auch wenn seine Sünden so scharlachrot sind, durch eine einfache Übung seines Selbstverständnisses weißer als Schnee gemacht werden könne. Es funktionierte nicht so schlecht, wenn man ihm auch bewusst versichern konnte, dass ihn eine glühende Hölle bis in alle Ewigkeit bei lebendigem Leibe rösten würde, wenn er sich vom Tod in Glaubensfragen erwischen ließe. Damals galt ein plötzlicher Tod – der beneidenswerteste aller Todesfälle – als die schrecklichste Katastrophe. In unseren Gebeten wurde es mit Pest, Pest und Hungersnot, Kampf und Mord klassifiziert. Aber der Glaube an diese Hölle schwindet schnell. Alle Denker haben es verloren; und selbst die Basis ist in die Teile Irlands und Schottlands geflohen, die sich noch im 17. Jahrhundert befinden. Auch dort bleibt es stillschweigend dem anderen vorbehalten.

DIE BEDEUTUNG DER HÖLLE IM ERLÖSUNGSPLAN.

Es ist offensichtlich, wie ernst es ist, die Hölle zu überwinden und gleichzeitig an der Versöhnung festzuhalten. Wenn es keine Strafe für die Sünde gibt, kann es auch keine Selbstvergebung dafür geben. Wenn Christus unsere Rechnung bezahlt hat und wenn es keine Hölle gibt und es daher keine Chance gibt, dass wir durch das Vergessen der Verpflichtung in Schwierigkeiten geraten, dann können wir innerhalb des weltlichen Gesetzes ungestraft so böse sein, wie wir wollen, selbst wenn wir uns selbst Vorwürfe machen Mutter Undankbarkeit gegenüber dem Erretter. Wenn andererseits Christus unsere Rechnung nicht bezahlt hat, steht sie immer noch gegen uns; und solche Schulden machen uns äußerst unbehaglich. Der Antrieb der Evolution, den wir Gewissen und Ehre nennen, macht sich solche Ausrutscher zunutze und beschämt uns zutiefst, weil wir auf der Skala so weit unten stehen, dass wir dazu fähig sind. Der „gerettete“ Dieb erlebt ein ekstatisches Glück, das der ehrliche Atheist niemals erreichen kann: Er ist versucht, erneut zu stehlen, um das herrliche Gefühl zu wiederholen. Aber wenn der Atheist stiehlt, hat er kein solches Glück. Er ist ein Dieb und weiß, dass er ein Dieb ist. Das kann ihm nichts anhaben. Er könnte versuchen, seine Schande durch irgendeine Art von Wiedergutmachung oder einen gleichwertigen Akt des Wohlwollens zu lindern; aber das ändert nichts an der Tatsache, dass er gestohlen hat; und sein Gewissen wird nicht ruhig sein, bis er seinen Willen zum Stehlen überwunden und sich in einen ehrlichen Mann verwandelt hat, indem er diesen göttlichen Funken in sich entwickelt hat, den Jesus als die alltägliche Realität dessen beharrte, was der Atheist leugnet.

Obwohl der Zustand der Sühnegläubigen dadurch zwar glücklicher sein mag, ist er aus der Sicht der Gemeinschaft sicherlich nicht wünschenswerter.

Die Tatsache, dass ein Gläubiger glücklicher ist als ein Skeptiker, trifft ebenso wenig zu wie die Tatsache, dass ein Betrunkener glücklicher ist als ein Nüchterner. Das Glück der Leichtgläubigkeit ist eine billige und gefährliche Eigenschaft des Glücks und keineswegs eine Lebensnotwendigkeit. Ob Sokrates im Leben genauso viel Glück hatte wie Wesley, ist eine unbeantwortbare Frage; aber eine Nation von Sokrates wäre viel sicherer und glücklicher als eine Nation von Wesleys ; und seine Individuen wären auf der Evolutionsskala höher. Auf jeden Fall liegt unsere Hoffnung jetzt auf dem sokratischen Menschen und nicht auf dem Wesleyaner.

Das Recht, die Sühne zu verweigern.

Folglich müssten wir, selbst wenn es für uns alle geistig möglich wäre, an das Sühnopfer zu glauben, es ablehnen, wozu wir offensichtlich das Recht haben. Jeder Mensch, dem die Erlösung angeboten wird, hat ein unveräußerliches natürliches Recht zu sagen: „Nein, danke. Ich möchte lieber meine volle moralische Verantwortung behalten: Es ist nicht gut für mich, einen Sündenbock mit meinen Sünden belasten zu können: Ich sollte weniger sein.“ Seien Sie vorsichtig, wie ich sie begangen habe, wenn ich wüsste, dass sie mich nichts kosten würden. Dann ist da noch die Haltung von Ibsen: diesem eisernen Moralisten, für den der gesamte Erlösungsplan nur ein unwürdiger Versuch war, Gott zu betrügen; in den Himmel kommen, ohne den Preis zu zahlen. Entlassen zu werden, um das ewige Leben zu betteln und es als Geschenk anzunehmen, anstatt es zu verdienen, wäre gemein genug, selbst wenn wir die Verachtung der Macht akzeptieren würden, mit deren Mitleid wir handeln ; aber auch um eine Krone des Ruhms zu feilschen! Das war zu viel für Ibsen: Es provozierte ihn zu dem Ausruf: „Dein Gott ist ein alter Mann, den du betrügst“ und dazu, das abgestumpfte Gewissen des 19. Jahrhunderts mit der Peitsche von Skorpionen wieder zum Leben zu erwecken.

Die Lehre des Christentums.

Und da muss ich die Angelegenheit der Wahl überlassen, die Ihnen Ihre Natur erlaubt. Der ehrliche Lehrer, der einem Neuling die Fakten über das Christentum nahebringen muss, kann die Fakten meines Erachtens in keiner wesentlichen Hinsicht anders darstellen, als ich sie dargelegt habe. Wenn Kinder von dem missionarischen Atheisten einerseits und der missionierenden Nonne in der Klosterschule andererseits und all den anderen Missionaren, die zwischen ihnen liegen, befreit werden sollen, dürfen sie nicht mit müßigen Kontroversen darüber belastet werden, ob dies der Fall sei Ob es jemals eine Person wie Jesus gab oder nicht. Als Hume sagte, dass Josuas Feldzüge unmöglich seien, stritt sich Whately nicht darüber: Er bewies in gleicher Weise, dass die Feldzüge Napoleons unmöglich seien. Nur fiktive Charaktere werden Humes Prüfung bestehen: Nichts wird Edward den Bekenner und St. Louis für uns jemals so real machen wie Don Quijote und Mr. Pickwick. Wir müssen die Kontroverse abbrechen, indem wir erklären, dass es für die Existenz Jesu dieselben Beweise gibt wie für die Existenz jeder anderen Person seiner Zeit; und die Tatsache, dass Sie möglicherweise nicht alles glauben, was Matthäus Ihnen sagt, widerlegt die Existenz Jesu genauso wenig wie die Tatsache, dass Sie nicht alles glauben, was Macaulay Ihnen erzählt, die Existenz von Wilhelm III. widerlegt. Die Erzählungen der Evangelien liefern Ihnen im Wesentlichen eine Biografie, die aus rein säkularen Gründen recht glaubwürdig und nachvollziehbar ist, wenn Sie alles herausgeschnitten haben, was Hume oder Grimm oder Rousseau oder Huxley oder irgendein moderner Bischof als phantasievoll ablehnen könnte. Ohne darüber hinauszugehen, können Sie ein Anhänger Jesu werden, genauso wie Sie ein Anhänger von Konfuzius oder Lao Tse werden können , und können sich daher einen Jesuisten nennen , oder sogar einen Christen, wenn Sie der Meinung sind, was der strengste Säkularist völlig berechtigt ist , dass alle Propheten inspiriert sind und alle Menschen mit einer Mission Christus sind.

Der Lehrer des Christentums muss dem Kind dann zunächst das Lied von John Barleycorn mit den Feldern und Jahreszeiten als Zeugen seiner ewigen Wahrheit nahebringen. Wenn der Geist des Kindes dann reifer wird, kann es als historische und psychologische Phänomene die Tradition des Sündenbocks, des Erlösers, der Sühne, der Auferstehung, des Zweiten Kommens lernen und wie Jesus es in einer von dieser Tradition durchdrungenen Welt getan hat wurde weitgehend als der lang erwartete und oft prophezeite Erlöser, der Messias, der Christus, akzeptiert. Es steht dem Kind offen, es auch anzunehmen. Wenn das Kind wie Gladstone gebaut ist, wird es Jesus als seinen Erlöser und Petrus und Johannes den Täufer als Offenbarer bzw. Vorläufer des Erlösers annehmen. Wenn er wie Huxley gebaut ist, wird er die säkulare Einstellung vertreten, trotz allem, was eine fromme Familie tun kann, um ihn daran zu hindern. Das Wichtige ist jetzt, dass die Gladstones und Huxleys ihre Zeit nicht länger mit belanglosem und lächerlichem Streit um die Schweine der Gadarener verschwenden und dass sie sich eine Meinung über die Richtigkeit der weltlichen Lehren Jesu bilden; denn um sie geht es, damit es in unserer Zeit zu Auseinandersetzungen kommen kann.

Das Christentum und das Imperium.

Abschließend fragen wir uns, warum der alte Aberglaube so plötzlich seine Gültigkeit verloren hat, obwohl die Gesetze, durch die Verfolger jegliche Gedanken- und Redefreiheit in diesen Angelegenheiten zerstören oder einschränken können, zur völligen Schande der Führer und Herrscher der Nation gelten immer noch nicht aufgehoben und bereit für die Hand unserer Fanatiker und Fanatiker (vor kurzem wurde ein angesehener Ladenbesitzer wegen „Blasphemie" verurteilt, weil er sagte, wenn ein modernes Mädchen eine unerlaubte Schwangerschaft damit begründete, dass sie den Heiligen Geist empfangen habe, sollten wir wissen, was (zu denken: eine Bemerkung, die ihm nie in den Sinn gekommen wäre, wenn er richtig gelernt hätte, wie die Geschichte auf das Evangelium aufgepfropft wurde), und doch werden sie irgendwie nur gegen arme Männer eingesetzt, und das nur halbherzig. Wenn wir bedenken, dass dies von der Zeit an der Fall war, als der erste Gelehrte es wagte, als Berufsgeheimnis zu flüstern, dass der Pentateuch unmöglich von Moses geschrieben worden sein könne, bis zu der Zeit, als Bischof Colenso meiner Erinnerung nach daran gehindert wurde, das Gleiche offen zu sagen acht Jahrhunderte vergingen, als er predigte und tatsächlich exkommuniziert wurde (der strittige Punkt ist zwar für Paläographen und Historiker technisch interessant, hat aber für das menschliche Wohlergehen nicht mehr Einfluss als die Kontroverse darüber, ob Unzialschrift oder Kursivschrift die ältere Schreibweise ist); Doch jetzt, innerhalb von fünfzig Jahren nach Colensos Häresie, gibt es keinen lebenden Kirchenmann von irgendeiner Autorität oder einen gebildeten Laien, der ohne Spott behaupten könnte, dass Moses den Pentateuch so geschrieben hat, wie Pascal seine Gedanken oder D'Aubigny seine Geschichte der Reformation geschrieben hat . oder dass der heilige Hieronymus die Passage über die drei Zeugen in der Vulgata geschrieben hat, oder dass es im Buch Genesis weniger als drei verschiedene Berichte über die Schöpfung gibt, die zusammengewürfelt sind. Nun wird der verrückteste Progressive wohl kaum behaupten, dass unser Wachstum an Weisheit und Liberalität im letzten halben Jahrhundert größer gewesen sei als in den sechzehn halben Jahrhunderten davor: Tatsächlich wäre es einfacher , die These aufrechtzuerhalten, dass es in den letzten fünfzig Jahren zu einer deutlichen Reaktion gekommen ist Vom viktorianischen Liberalismus zum Kollektivismus, der die Staatskirchen spürbar gestärkt hat. Dennoch bleibt die Tatsache bestehen, dass Byrons Kain, das vor einem Jahrhundert veröffentlicht wurde, ein führendes Beispiel dafür ist, dass ein blasphemisches Buch nicht urheberrechtlich geschützt ist, die Heilsarmee es nun in ihre Veröffentlichungen aufnehmen könnte, ohne irgendjemanden zu schockieren.

Ich schlage vor, dass zu den Ursachen, die zu dieser plötzlichen Klärung der Luft geführt haben, die Umwandlung vieler moderner Staaten, insbesondere der alten in sich geschlossenen Französischen Republik und der kleinen Insel Großbritannien, in Imperien gehört, die über die Grenzen aller Kirchen hinausgehen. In Indien beispielsweise gibt es bei einer Bevölkerung von dreihundertsechzehneinhalb Millionen weniger als vier Millionen Christen. Der König von England ist der Verteidiger des Glaubens; aber welcher Glaube ist nun DER Glaube? Die Bewohner dieser Insel hätten im Andenken noch lebender Menschen behauptet, dass ihr Glaube sicherlich der Glaube Gottes sei und dass alle anderen Heiden seien. Aber wir Inselbewohner sind nur fünfundvierzig Millionen ; und wenn wir uns alle als Christen betrachten, gibt es immer noch siebenundsiebzig und eine Viertelmillion Mohammedaner im Reich. Hinzu kommen die Hindus und Buddhisten, Sikhs und Jains, die ich in meiner Kindheit durch Religionsunterricht als grobe Götzendiener betrachten sollte, die dem ewigen Untergang geweiht sind, für deren Verunglimpfung ich aber jetzt mit einem provokanten Wort bestraft werden kann , und Sie haben insgesamt über dreihundertzweiundvierzig und eine Viertelmillion Ketzer, die unsere fünfundvierzig Millionen Briten überschwemmen, von denen sich übrigens nur sechstausend eindeutig „Jünger Christi" nennen, der Rest ist es Mitglieder der Church of England und anderer Konfessionen, deren Jüngerschaft weniger nachdrücklich bekräftigt wird. Kurz gesagt, der Engländer von heute ist nicht wie die Vorväter, an deren Ideen er festhält, Untertan eines praktisch völlig christlichen Staates, sondern wird jetzt in eine Ecke eines Imperiums gedrängt, in dem sich die Christen befinden, und zwar beträchtlich überfüllt eine Mutter von elf Prozent der Bevölkerung; So dass der Nonkonformist, der zulässt, dass sein Schirmständer verkauft wird, anstatt Gebühren für die Unterstützung einer Schule der Church of England zu zahlen, nicht nur Steuern zahlt, um die Kirche von Rom in Malta zu stiften, sondern auch, um Christen dafür ins Gefängnis zu schicken Es ist eine Blasphemie, in den Straßen von Khartum Bibeln zum Verkauf anzubieten. Wenden Sie sich an Frankreich, ein Land, das in seiner Beschäftigung mit seiner eigenen Sprache, seiner eigenen Geschichte, seinem eigenen Charakter zehnmal isolierter ist als wir, die wir schon immer Entdecker, Kolonisatoren und Nörgler waren. Diese einst egozentrische Nation zählt 40 Millionen Menschen. Die Gesamtbevölkerung der Französischen Republik beträgt etwa einhundertvierzehn Millionen . Die Franzosen gehören nicht zu unserer hoffnungslosen christlichen Minderheit von elf Prozent; aber sie sind in einer Minderheit von 35 Prozent, was ziemlich aussagekräftig ist. Und da sie ein logischeres Volk sind als wir, haben sie das Christentum offiziell aufgegeben und erklärt, dass der französische Staat keine bestimmte Religion habe.

Auch der britische Staat hat dies nicht getan, obwohl er dies nicht sagt. Zweifellos gibt es in England viele unschuldige Menschen, die die Ansicht Karls des Großen vertreten und unseren neunundachtzig Prozent der „Heiden, das muss ich leider sagen" selbstverständlich die Alternative Tod oder Christentum anbieten würden, wenn sie nicht einen vagen Eindruck hätten dass diese Verlorenen alle nach und nach von den Missionaren bekehrt werden. Aber kein Staatsmann kann solch lächerlich provinzielle Wahnvorstellungen hegen. Kein englischer König oder französischer Präsident kann auf der Annahme regieren, dass die Theologie von Petrus und Paulus, Luther und Calvin irgendeine objektive Gültigkeit hat oder dass der Christus mehr als der Buddha oder Jehova mehr als Krishna oder Jesus mehr oder weniger ist menschlich als Mohammed, Zoroaster oder Konfuzius. Insofern er überhaupt Gesetze gegen Blasphemie erlässt, ist er es, der alle Religionen, einschließlich des Christentums, als blasphemisch behandelt, wenn sie Menschen vorgeführt werden, die nicht an sie gewöhnt sind und sie nicht wollen. Und selbst das ist ein Zugeständnis an eine bösartige Intoleranz, die ein Imperium mit seiner Kontrolle über die Bildung ausmerzen sollte.

Andererseits können sich Regierungen nicht wirklich von der Religion oder gar vom Dogma trennen. Als Jesus sagte, dass die Menschen nicht nur leben , sondern auch in Fülle leben sollten, handelte er dogmatisierend; und viele pessimistische Gelehrte, darunter Shakespear , dessen Held seinen Freund mit den Worten „Bleibe eine Weile von der Glückseligkeit abwesend" anflehte, vom Selbstmord Abstand zu nehmen, würden dogmatisierend sehr verderblich sagen. Tatsächlich erklären viele Prediger und Heilige, einige von ihnen im Namen Jesu selbst, dass diese Welt ein Jammertal ist und dass unser Leben besser in Trauer und sogar in Qual verbracht werden sollte, als Vorbereitung auf ein besseres Leben in der Zukunft . Machen Sie es diesen traurigen Menschen bequem; und sie verblüffen dich, indem sie Haarhemden anziehen. Nichtsdestotrotz müssen Regierungen von dogmatischen Annahmen ausgehen, ob sie diese nun Dogmen nennen oder nicht; Und es müssen eindeutig Annahmen sein, die allgemein genug sind, um diejenigen, die sie ablehnen, als Exzentriker oder Wahnsinnige abzustempeln. Und je größer und heterogener die Bevölkerung, desto häufiger müssen die Annahmen sein. Ein Trappistenkloster kann unter Annahmen geführt werden, die das Dorf vor seinen Toren innerhalb von vierundzwanzig Stunden zum Aufstand provozieren würden. Das liegt daran, dass das Kloster seine Leute auswählt; und wenn es einem Trappisten nicht gefällt, kann er es lassen. Aber ein Untertan des Britischen Empire oder der Französischen Republik wird nicht ausgewählt; und wenn es ihm nicht gefällt, muss er es wegwerfen; denn die Auswanderung ist nur in engen Grenzen praktikabel und bietet selten ein wirksames Heilmittel, da alle Zivilisationen mittlerweile sehr ähnlich sind. Für jeden, der in der Lage ist, die Regierung überhaupt zu verstehen, muss es ohne Argumente offensichtlich sein, dass die in den neununddreißig Artikeln oder im Westminster-Bekenntnis dargelegten Grundannahmen als politische Verfassungen für moderne Imperien völlig unmöglich sind. Würde eine Person, die bereit wäre, solche Berufe ernst zu nehmen, sie persönlich bekennen, würde sie ihn praktisch für ein hohes kaiserliches Amt disqualifizieren. Ein calvinistischer Vizekönig von Indien und ein baptistischer Außenminister würden das Imperium ruinieren. Die Stuarts zerstörten durch ihre schottische Logik und ihr theologisches Dogma sogar die enge kleine Insel, die den Kern des Reiches bildete; und es lässt sich sehr plausibel behaupten, dass die angebliche Begabung der Engländer zur Selbstverwaltung, der in jedem Kapitel ihrer Geschichte widersprochen wird, in Wirklichkeit nur eine unheilbare Unfähigkeit zur Theologie und in der Tat zu koordiniertem Denken in irgendeiner Richtung ist macht sie gleichermaßen ungeduldig gegenüber systematischem Despotismus und systematisch guter Regierung: Ihre Geschichte ist die eines schlecht regierten und zufällig freien Volkes (vergleichsweise). Somit ist unser Erfolg bei der Kolonisierung, soweit er nicht durch die Ausrottung der Eingeborenen zustande kam, auf unsere Gleichgültigkeit gegenüber der Erlösung unserer Untertanen zurückzuführen. Irland ist die Ausnahme, die die Regel bestätigt; denn Irland, das ständige Beispiel für die Unfähigkeit der Engländer, ohne Ausrottung der Eingeborenen zu kolonisieren, ist auch das einzige Land unter britischer Herrschaft, in dem die Eroberer und Kolonisatoren davon ausgingen, dass es ihr Geschäft nicht nur darum ging, den Protestantismus zu etablieren, sondern auch Geld zu verdienen und dadurch zumindest das Leben der unglücklichen Bewohner sichern, aus deren Arbeit es gemacht werden könnte. In diesem Moment weigert sich Ulster, die Mitbürgerschaft mit den anderen irischen Provinzen anzunehmen , weil der Süden an St. Peter und Bossuet und der Norden an St. Paul und Calvin glaubt. Stellen Sie sich vor, welche Auswirkungen der Versuch hätte, Indien oder Ägypten von Belfast oder vom Vatikan aus zu regieren!

Die Lage ist für Frankreich vielleicht ernster als für England, denn zu den 65 Prozent der französischen Untertanen, die weder Franzosen noch Christen noch Modernisten sind, gehören etwa dreißig Millionen Neger, die für die Konvertierung zu diesen Heilsformen anfällig, und zwar sehr anfällig , sind des Pseudo-Christentums, die alle Verfolgungen und Religionskriege der letzten fünfzehnhundert Jahre hervorgebracht haben. Als der verstorbene Entdecker Sir Henry Stanley mir von der emotionalen Macht erzählte, die das Christentum über die Baganda-Stämme hatte, und mir ihre Briefe vorlas, die in ihrem buchstäblichen Glauben und ihrer allgegenwärtigen Frömmigkeit genau wie mittelalterliche Briefe waren, sagte ich: „Können diese Männer mit einem Gewehr umgehen?“ ?“ Darauf antwortete Stanley mit einiger Verachtung: „Natürlich können sie das, genauso wie jeder Weiße.“ Jetzt, in diesem Moment (1915), wird ein riesiger europäischer Krieg geführt, in dem die Franzosen senegalesische Soldaten einsetzen. Ich frage die französische Regierung, die wie unsere eigene Regierung den Religionsunterricht dieser Neger bewusst den Missionen der Petrinischen Katholiken und Paulinischen Calvinisten überlässt, ob sie die

Möglichkeit einer neuen Reihe von Kreuzzügen leidenschaftlicher Afrikaner in Betracht gezogen hat Salutisten, um Paris aus dem Griff des modernen wissenschaftlichen „Ungläubigen“ zu retten und den Ruf „Zurück zu den Aposteln, zurück zu Karl dem Großen!“ zu erwecken.

Wir haben das größere Glück, dass die überwältigende Mehrheit unserer Untertanen Hindus , Mohammedaner und Buddhisten sind: Das heißt, sie haben als Prophylaxe gegen das Heilschristentum eigene hochzivilisierte Religionen. Der Mohammedanismus , den Napoleon am Ende seiner Karriere als die vielleicht beste Volksreligion für den modernen politischen Gebrauch einstufte, hätte in mancher Hinsicht als reformiertes Christentum entstehen können, wenn Mohammed mit einer Bevölkerung aus Christen des 17. Jahrhunderts statt mit Arabern zu tun gehabt hätte verehrte Steine. So wie es ist, lehnen die Menschen Mohammed nicht für Calvin ab; und einem Hindu eine so grobe Theologie wie unsere im Austausch für seine eigene oder unsere jüdische kanonische Literatur als Verbesserung der hinduistischen Schriften anzubieten, bedeutet, alte Lampen für ältere auf einem Markt anzubieten, auf dem die ältesten Lampen wie alte Möbel in England sind , werden am höchsten geschätzt.

Dennoch, ich wiederhole, eine Regierung ist ohne eine Religion unmöglich, das heißt ohne eine Reihe gemeinsamer Annahmen. Der offene Geist handelt niemals: Wenn wir unser Möglichstes getan haben, um zu einer vernünftigen Schlussfolgerung zu gelangen, müssen wir dennoch, wenn wir nicht mehr nachdenken und nachforschen können, unseren Geist für einen Moment verschließen und dogmatisch auf unsere Schlussfolgerungen reagieren. Der Mann, der darauf wartet, ein völlig vernünftiges Urteil zu fällen, wird ohne Testament sterben. Ein Mann, der so vernünftig ist, Diebstahl und Mord oder der Notwendigkeit von Nahrung und Fortpflanzung gegenüber aufgeschlossen zu sein, könnte bei jeder Verwendung als Gesetzgeber oder Staatsbeamter genauso gut ein Narr und ein Schurke sein . Der moderne pseudodemokratische Staatsmann, der sagt, er sei nur an der Macht, um den Willen des Volkes auszuführen, und er bewege sich nur, wenn die Katze springt, ist eindeutig ein politischer und intellektueller Räuber. Die Herrschaft des negativen Mannes, der keine Überzeugungen hat, bedeutet in der Praxis die Herrschaft des positiven Mobs. Gewissensfreiheit, wie Cromwell es nannte, ist eine ausgezeichnete Sache; Dennoch hätte Cromwell, wenn irgendjemand vorgeschlagen hätte, die Gewissensfreiheit in Bezug auf Kannibalismus in England in Kraft zu setzen, ihn fast so schnell auf die Fersen geworfen, wie er es einem römisch-katholischen Mann getan hätte, obwohl er ihn im selben Moment auf Fidschi unterstützt hätte Von Herzen die Gewissensfreiheit eines Vegetariers, der die heilige Diät des Long Pig herabwürdigte.

Hier kommt dann die Bedeutung der Ablehnung des Proselytentums durch Jesus ins Spiel. Seine Regel „Zieht nicht das Unkraut aus, sondern sät den Weizen: Wenn ihr versucht, das Unkraut auszureißen, reißt ihr damit auch den Weizen aus“ ist die einzig mögliche Regel für einen Staatsmann, der ein modernes Imperium regiert, oder für einen Wähler, der ein solches unterstützt ein Staatsmann. Es gibt nichts in der Lehre Jesu, dem ein Brahmane, ein Mohammedaner, ein Buddhist oder ein Jude nicht zustimmen könnte, ohne dass ihre Konvertierung zum Christentum in Frage gestellt wäre. In mancher Hinsicht ist es einfacher, einen Mohammedaner mit Jesus zu versöhnen als einen britischen Pfarrer, denn die Vorstellung eines Berufspriesters ist für einen Mohammedaner ungewohnt und sogar ungeheuerlich (der Tourist, der beharrlich fragt, wer der Dekan von St. Sophia ist, gibt Rätsel auf). unbeschreiblich der Mesner, der ihm ein riesiges Paar Hausschuhe leiht); und Jesus schlug seinen Jüngern nie vor, sich von der Milch zu trennen: Er hob sie am Wegesrand auf, wohin ihm jeder Mann und jede Frau folgen konnte. Für Priester hatte er kein bürgerliches Wort; und sie zeigten ihr Gefühl für seine Feindseligkeit, indem sie ihn so schnell wie möglich töten ließen. Kurz gesagt, er war ein entschiedener Antikleriker. Und obwohl seine Doktrin, wie wir gesehen haben, nur mit politischen Mitteln in die Praxis umgesetzt werden kann, hat er nicht nur nie eine sektiererische Theokratie als Regierungsform vorgeschlagen, sondern hätte mit Sicherheit auch den Sturz des verstorbenen Präsidenten Kruger prophezeit Er hatte bis zu seiner Zeit überlebt, aber als er herausgefordert wurde, weigerte er sich, seinen Jüngern beizubringen, Cäsar keinen Tribut zu zahlen, und gab zu, dass Cäsar, der vermutlich ebenso wie jeder andere Jünger das Himmelreich in sich trug, seinen Platz in dem Plan hatte von Sachen. Tatsächlich nutzten die Apostel dies als Vorwand, um die Unterwürfigkeit gegenüber dem Staat auf ein Niveau des Götzendienstes zu treiben, das in der Theorie vom göttlichen Recht der Könige endete, und provozierte die Menschen dazu, Königen die Köpfe abzuschlagen, um in dieser Angelegenheit ein gewisses Maß an Augenmaß wiederherzustellen. Jesus betrachtete den Sturz des Römischen Reiches oder die Ersetzung der jüdischen Kirche oder des Priestertums der römischen Götter durch eine neue kirchliche Organisation sicherlich nicht als Teil seines Programms. Er sagte, dass Gott besser sei als Mammon; aber er sagte nie, dass Tweedledum besser sei als Tweedledee; und deshalb ist es nun für britische Bürger und Staatsmänner möglich, Jesus nachzufolgen, obwohl sie unmöglich weder Tweedledum noch Tweedledee nachfolgen können, ohne das Reich mit einem Sturz auf den Kopf zu stürzen. Und dabei muss ich es lassen.

LONDON, Dezember 1915.

9 789359 251745

Printed at Repro India Ltd.